走进"一带一路"丛书

浙江省社科联社科普及课题（22KPWT06ZD-12Z）

从马六甲迈向双子塔
马来西亚

李　娜　黄惠康
[印度]马尤克·德万　著

The Federation of Malaysia

浙江工商大学出版社
ZHEJIANG GONGSHANG UNIVERSITY PRESS
·杭州·

图书在版编目（CIP）数据

从马六甲迈向双子塔：马来西亚 / 李娜，黄惠康，
（印）马尤克·德万（Mayukh Dewan）著. — 杭州：
浙江工商大学出版社，2023.4
（走进"一带一路"丛书）
ISBN 978-7-5178-4864-6

Ⅰ. ①从… Ⅱ. ①李… ②黄… ③马… Ⅲ. ①马来西
亚－概况 Ⅳ. ①K933.8

中国版本图书馆 CIP 数据核字（2022）第 027500 号

从马六甲迈向双子塔——马来西亚
CONG MALIUJIA MAIXIANG SHUANGZITA——MALAIXIYA
李 娜 黄惠康 ［印度］马尤克·德万 著

责任编辑	张 玲
封面设计	朱嘉怡
责任校对	张春琴
责任印制	包建辉
出版发行	浙江工商大学出版社
	（杭州市教工路 198 号 邮政编码 310012）
	（E-mail：zjgsupress@163.com）
	（网址：http://www.zjgsupress.com）
	电话：0571-88904980，88831806（传真）
排 版	杭州朝曦图文设计有限公司
印 刷	杭州高腾印务有限公司
开 本	880 mm×1230 mm 1/32
印 张	7.375
字 数	172 千
版 印 次	2023 年 4 月第 1 版 2023 年 4 月第 1 次印刷
书 号	ISBN 978-7-5178-4864-6
定 价	59.80 元

‖ 目　录 ‖

1

开篇

　　600 多年前,明朝航海家郑和七下西洋,五次驻节马六甲,在中国与马来西亚历史上留下了浓墨重彩的一页。马六甲至今还保留着纪念这位中国伟大航海家的三保山和郑和庙。郑和大概不会想到,这个他曾多次到访的弹丸之地,现在已是一个同中国双边贸易额突破 1000 亿美元大关的国家。"海上丝绸之路"早已再次开启。

马六甲市郑和雕像

马来西亚是一个怎样的神奇国度呢？这里就借马来西亚籍歌手阿牛《桃花朵朵开》专辑中的一首歌——《用马来西亚的天气来说爱你》来回答这个问题。

不是我的情怀不够诗情画意
只是我生长的这片土地上只有雨季和旱季
…………………
亲爱的请你原谅我没有浪漫的恋情
只是我太爱这片土地
当然也爱上了它的天气
…………………
让我用马来西亚的天气来说想你
让我用马来西亚的天气来说爱你

这首歌的歌词洋溢着浓浓的马来西亚风情，成为马来西亚非官方宣传曲。

恰如歌词所写，马来西亚位于赤道附近，被南海分隔成东、西两部分，属于热带雨林气候和热带季风气候，无明显四季之分，年温差不大，平均温度在26—30℃之间，雨量充沛。马来西亚面积约33万平方千米，截至2022年7月，人口约3270万，其中马来人占69.4%，华人占23.2%，印度人占6.7%，其他占0.7%；①以马来语为国语，通用英语，华语使用也较广泛。马来西亚国旗的主体部分由14道红白相间、宽度相等的横条组成，这正好代表了全国13个州和联邦政府；而新月象征着对伊斯

---

① 数据来源于中国外交部官方网站，https://www.fmprc.gov.cn/web/gjhdq _ 676201/gj _ 676203/yz _ 676205/1206 _ 676716/1206x0 _ 676718/。

兰教的信仰,14 个尖角的星象征全国的团结;黄色象征皇室,蓝色象征团结。

马来西亚国旗

有着独特地理位置和多元文化的马来西亚,充满了神秘感。

翻开马来西亚的历史,我们可能充满各种疑问。

为什么马六甲会有郑和雕像?郑和下西洋时在马来西亚发生了什么事?

原来并不信奉伊斯兰教的马来西亚,为何会成为一个伊斯兰国家?

为什么英国、荷兰、葡萄牙等众多欧洲国家,会跨洋远赴,与马来西亚产生爱恨纠葛?

"马来亚联邦""马来亚联合邦""马来西亚联合邦"这些相似的名字背后究竟隐藏着怎样的故事?

自 1963 年 9 月 16 日正式建国,马来西亚在近 60 年的建国历史中发生了翻天覆地的变化,它坚定地站在世界舞台上,并绽放光彩。

政府积极推行的"马来西亚人的马来西亚",是政治口号,还是强国愿景,究竟会给国家带来怎样的机遇和挑战?

内要团结一致,外要抱团取暖。作为东盟创始国之一,马来西亚对东盟共同体做出了怎样的贡献?

得益于相对稳定的政治环境,马来西亚经济得以高速发展,并成为"亚洲四小虎"①中的一员。此外,你可能很难想到它还是东南亚的"教育黑马"。马来西亚又是凭借怎样的教育优势与欧美留学市场相媲美的呢?

马来西亚不仅在国际教育上发扬踔厉,其华文教育也属一流。马来西亚的国语为马来语,通用语是英语,但其华文教育却远强于华人占比更高的新加坡。这又是如何做到的呢?

马来西亚不仅是一个多语言国家,还是一个多民族国家。占人口多数的马来人信奉伊斯兰教并将其尊为国教,其他主要宗教如佛教、印度教、基督教也能和谐相处,为何这里的穆斯林如此友好?

多元的语言环境,绚烂的历史遗产和民族文化,以及丰富的热带雨林和岛屿资源,令马来西亚成为东南亚热门旅游目的地,甚至被《孤独星球》(*Lonely Planet*)杂志列入全球十大旅游地②,但从人气来看却为何远逊于泰国、新加坡?

建筑是文化的载体,文化是建筑的灵魂。那现代文明中的建筑又如何展现马来西亚的多元地域文化?

延期至 2023 年的第 19 届亚运会即将到来,但这次我们无法再看到马来西亚羽毛球"一哥"李宗伟和中国羽坛名将林丹的精彩对决。那对于马来西亚,我们还可以有怎样的期待?

马来西亚精彩的今天,离不开 700 多万华人的辛勤努力,而马来西亚辉煌的未来,更是与中国唇齿相依、命运与共。

---

① "亚洲四小虎"是指东南亚的印度尼西亚、泰国、马来西亚、菲律宾。

② 《孤独星球》创立于 1972 年,为全球著名的旅游出版物,是第一个针对背包客撰写的旅行系列杂志,被全球旅行者视为不可替代的"旅行圣经"。2014 年,马来西亚被该杂志列入了全球十大旅游地。

自 1974 年中马建交以来,中马两国历任国家领导保持着经常性互访,其中马来西亚历史上首位两次担任最高元首的哈利姆苏丹(国王),在他 87 岁时还来华进行国事访问。此行又留下了一段怎样的佳话?

作为第十四任中国驻马来西亚特命全权大使,黄惠康见证了中马两国走过深化互信、互利合作的"黄金 40 年"。在结束 1380 天的任期后,这位西子湖畔走出去的外交老兵会有怎样的感慨?

作为中国汽车自主品牌的标杆企业,中国吉利在全资收购沃尔沃后,为何在收购马来西亚民族汽车品牌宝腾时"手下留情"?

作为华文教育的助力军和中华文化传播的主力军,孔子学院向全世界展示了中国语言和文化的魅力,那在海外华文教育体系最完整的马来西亚,它又能发挥怎样的作用?

要了解中国文化,最直接的方式当然就是到中国留学。和其他国家留学生相比,会说华文的马来西亚留学生会有怎样的经历和感受?

为了帮助马来西亚等"一带一路"沿线国家培养更多优秀人才,国内已有多所高校建立国际丝路学院,浙江又会贡献怎样的智慧和经验?

切水不断,民心相通,中马两国海上情缘已经跨越了几个世纪。古有唐朝义净法师南渡、明朝郑和七下西洋,今有孙中山先生槟城革命、南侨机工不灭功勋,一代又一代华人先贤的爱国故事必将永远流传。

或许读者对于家门口的这个友好邻邦并不陌生,但认知不一定全面。本书希望通过对马来西亚历史、政治、经济、外交、宗教、旅游、建筑、教育、体育等的立体描绘,并穿插几位来自不同业界人士亲历的中马关系发展故事,邀请读者一同感受马来西亚的前世今生,开启一段多彩异国之旅。

上篇

马来西亚的前世

马六甲海峡上的黄金帝国

"马来"一词在马来语中意为"黄金",故马来半岛亦有"黄金半岛"的美誉。黄金象征着财富和繁荣,那么马来半岛的称谓到底是名副其实,还只是美好寓意呢?

在距今约 1 万年前的旧石器时代,马来半岛上就已有人类居住和生活。在历史长河中,这里曾有数个奴隶制或封建制王朝,它们或更替,或并存于马来群岛地区。据《汉书·地理志》记载,马来半岛上最早的古国为都元国(地处今登嘉楼州龙运一带),是一个港口国家。西汉末年,中国使节便已途经此地。15 世纪以前的马来半岛一直处于分裂割据的状态,虽也有一些国家在马来半岛的历史上留下了些许痕迹,但终究在地区政治上还不统一,犹如昙花一现。

那么"黄金"之说又从何而来呢?

公元 2 世纪至 9 世纪,马来半岛东北部的奴隶制古邦国——狼牙修,算是这一时期较为繁盛的国家。受印度文化影响,狼牙修以农业生产为主,也出产樟脑、檀香、黄金和锡,加上它位于古印度与中国通道的中端,十分适合过往商船停泊和交换商品,于是便成为当时重要的商品贸易市场。所以,"黄金半岛"之称既有出产黄金的事实,又有贸易带来的巨大财富之意。

而说到马来半岛的贸易和繁荣,我们就更得提及在马六甲海峡上建立起的黄金帝国——马六甲王国。

马来西亚历史上首个统一的封建王国,便是马六甲王国。

从地理位置来看，其位于马来半岛的西南岸（今马来西亚马六甲州一带），地处亚洲、大洋洲、太平洋和印度洋的交汇处。自古以来，这里就是东西方海运交通的咽喉之地。马六甲王国虽仅存百余年（1402—1511），但其拥有完整系统的政治、经济和法律体系，为马来西亚的发展，乃至伊斯兰教在马来西亚的传播和发展奠定了坚实的基础，其丰富的风俗习惯与社会文化影响至今，马六甲因此也成为马来西亚历史最为悠久的古城。2008 年 7 月 8 日，有着近 700 年历史的贸易古城马六甲市被列入世界文化遗产名录。

基于马六甲王国在马来西亚历史中的里程碑式意义，以及马六甲与中国一衣带水的渊源，本书对于马来西亚的探索，就从马六甲王朝开始。

马六甲旧译麻六甲。关于马六甲的由来，众说纷纭，但故事的主角都与三佛齐帝国（即室利佛逝帝国）的一位落魄王子——拜里米苏拉（Parameswara）有关。传说与麻偌巴歇帝国对战落败后，拜里米苏拉王子离开苏门答腊，经过长途跋涉终于到了如今的马六甲河。这里有充足的水源和广阔的平原，依山傍海，地势险要，易守难攻，既有可供船只停泊的港口，又有可供开发的土地，加上地处热带，每天有充沛的降雨，有充足的阳光，有肥沃的土壤，毫不夸张地说，只要播下种子就能有很好的收成。拜里米苏拉认定此地是一个理想的立脚点，便带着大队人马在此定居下来。

安定后的一天，拜里米苏拉和随从到附近狩猎。到了正午，就在一棵枝繁叶茂的大树下乘凉休息，眼瞅着他的一条猎狗将一只鼠鹿逼到绝境，然而，奋起自卫的鼠鹿最终却将猎狗赶进了河里。大逆转的剧情让拜里米苏拉感慨万千，连弱小的鼠鹿都能把猎狗打败，自己也一定能像鼠鹿那样击败其他强国。他重新振作起来,并决定在这里建立一个新的王国,当即便用头顶之树的名字——马六甲作为国名。从此,马六甲不仅成为一个地名,还是马来西亚历史上唯一统一马来西亚地区的王国,拜里米苏拉也就成为马六甲王国的第一位苏丹。

民间传说难免会添油加醋,抹上几笔绚烂的颜色以娱人娱已或易于流传,但王国的建立和兴盛怎会是一念所为,必然需要天时、地利、人和。如果说鼠鹿的逆袭是马六甲王国建立的良征吉兆,那么令拜里米苏拉下定决心重整旗鼓的主要原因,是他对马六甲海峡发展形势的判断。

马六甲海峡,古代印度人称为象牙海湾,而后得名于古代名城马六甲,即今天马来西亚马六甲州首府马六甲市——中国明朝所称"满剌加国"的王城所在地。马六甲海峡位于马来半岛和印尼苏门答腊岛之间,全长约 1080 千米,是沟通印度洋和太平洋的唯一通道,也是联结亚洲、非洲和欧洲三大洲的海上要冲。

得天独厚的地理位置成为马六甲海峡崛起的外部条件。马六甲港位于海峡最狭窄部分,港宽水深,既隐蔽又便于防守,此地无浅滩和树林,不易受风暴袭击,船舶可安全入港。此外,马六甲海峡是印度洋、南中国海和爪哇海域季风的交叉点,在没有机械动力的帆船年代,季风对于长途航行起着决定性作用。若遇季风季节,商人们便停泊于此,根据风向决定是否起航。

马六甲是一个天然的海港城市,不适宜种植粮食,然而这一短板却推动了马六甲与周边的贸易往来,为马六甲的发展带来了意想不到的机会。爪哇岛是海岛地区的农业中心,也必然成为马六甲的主要粮食来源地,因此商船频繁往来于马六甲港口与爪哇,运去大米和胡椒,换回印度的棉布和中国的丝绸与瓷器。这种贸易联系不仅促进了商业的流通,也缓和了两地的敌对关系。贸易的繁荣还吸引了原先敌对的暹罗①和缅甸勃固的商人来此交易。共同的利益使得他们对马六甲王国的态度趋于缓和,也让这个强敌环伺的"婴儿"得到了成长机会。

有了地利,还需天时。都说时势造英雄,时势也可以造强国。马六甲王国出现的前后正是东南亚大环境发生变化的时期。早在公元 7 世纪,室利佛逝帝国是马来半岛的主宰者,它控制了马六甲海峡,掌握了海上转口贸易的垄断权,带来了 5 个多世纪的繁荣。在室利佛逝帝国灭亡后的 13 世纪初,麻喏巴歇王国建立,并对外进行扩张,重新控制了马六甲海峡。到 13 世纪后期,麻喏巴歇王国陷入了政治混乱之中,内部矛盾重重,已无力再对往来的商船提供保护,在此集结的商船为了躲避海盗的劫掠,被迫绕道其他海峡,马六甲失去了以往的繁荣。在这种恼人的状况下,商人们迫切希望建立一个安全避难港,拜里米苏拉正是利用这次时机壮大了自己的王国。

抓住了天时地利的拜里米苏拉又发现,来往商人中穆斯林的占比越来越高,为能更好地巩固自己的统治地位,他主动加强与穆斯林商人的合作。1414 年,拜里米苏拉迎娶了苏门答腊巴塞王国公主,并改信伊斯兰教,从此越来越多穆斯林来到马六甲经商,尤其是巴塞的穆斯林商人也加入了这个贸易行列。不得不说,拜里米苏拉是一位颇具独到眼光和商业谋略的国家首领。

打江山容易,守江山难,怎样才能让马六甲王国长久繁荣呢?

早期的贸易中心并不在马六甲,当时的香料和稻米贸易主

---

①　暹(xiān)罗,中国对古代泰国的称呼。

要操纵在爪哇人手里,胡椒贸易则被巴塞人控制。爪哇人把香料和稻米运到巴塞换取胡椒。然而麻喏巴歇王国日渐衰微,巴塞国势正盛,巴塞作为伊斯兰教传入东南亚最早的地方,许多穆斯林商人定居于此。随着巴塞和马六甲的贸易往来,胡椒贸易为马六甲带来了大量财富,越来越多爪哇人开始将香料和稻米运到马六甲,从而给这一地区带来了繁荣和富足,马六甲逐渐取代了巨港和爪哇,成为东南亚新的转口贸易中心,在 15 世纪形成了以马六甲为中心的贸易圈,并形成了南北两条航线。北部航线包括占城、越南、柬埔寨和泰国沿海到马六甲,南部航线是从菲律宾群岛经过婆罗洲、西里伯斯、马鲁古群岛、爪哇、苏门答腊直到马六甲。这个区域性贸易圈的出现,不仅使沟通东西方的中介贸易空前繁荣,而且使整个东南亚内部的经济联系大大加强,马六甲王国成为最大的受益者。

　　初期的马六甲还没有形成严密的政府组织和国家制度,经常受到暹罗武装力量的侵扰。拜里米苏拉自知国力尚弱,无法抗衡,只好向暹罗求和,每年进贡黄金四十两,自称藩属。

　　直至公元 1403 年,明成祖朱棣派尹庆率舰队到南洋巡视。尹庆在马六甲登陆,发现此地地理位置极佳,可以成为明朝海外贸易的重要前沿,便赠予拜里米苏拉许多礼物,与之建立贸易往来。尹庆的来访让刚刚经历了一系列挫折的拜里米苏拉喜出望外。马六甲正面临暹罗的侵扰,且国力薄弱,当拜里米苏拉从尹庆口中听到了明朝的富庶强大时,认为这是一个可以让马六甲得到强援以摆脱暹罗威胁的大好时机,于是便向尹庆诉说了苦恼,并表示自己极不情愿每年向暹罗上贡,希望能成为中国的藩属以获庇护。尹庆听后十分同情,并建议其派出使者,同他一同返回中国朝见皇帝。拜里米苏拉当即决定派遣使臣跟随尹庆回国。永乐三年(1405)九月,使臣抵达京师(南京),向明朝朝贡。明成祖一方面予以优厚款待,一方面正式下诏,册封拜里米苏拉为马六甲国王,赐予其黄色伞盖作为国王出行的用具,从此黄伞成为马来西亚王室的仪仗之一,时至今日马来西亚国王加冕等重大仪式仍沿袭这一习俗。在明朝的庇护下,暹罗自是忌惮,拜里米苏拉终于摆脱了暹罗的威胁。自此,中国和马六甲的关系也达到了极为融洽和亲密的程度。仅《明史》记载,马六甲王国遣使来中国共达 22 次,明王朝也不断派遣使者到马六甲王国。

尹庆出使马六甲揭开了马六甲王朝与明朝朝贡关系的序幕,永乐元年(1403)至正统十年(1445)的 43 年间,马六甲 3 任国王 16 次遣使来华朝贡,这是马六甲王朝与明朝关系最为密切的时期。

郑和作为明朝著名的航海家和外交家,也是这段历史的重要见证者。郑和下西洋是中国古代规模最大、船只和海员最多、时间最久的海上航行,也是 15 世纪末欧洲地理大发现以前世界历史上规模最大的一系列海上探险。郑和七下西洋,五次驻节马六甲,并在马六甲留下很多传奇故事。

郑和首下西洋到达马六甲时,其第一任国王拜里米苏拉为表感谢,于 1407 年派使团再次访问中国,两国关系进一步发展。随后郑和再次到达马六甲,并以此为大本营,建立城墙、角楼,并建造仓库储存钱粮百货。郑和由暹罗、忽鲁谟斯等国回程时,也在马六甲停留,准备钱粮,入库保存,等候信风驶返中国,给当地带去了大批中国珍宝和先进文化。明朝与世界各国在文化、经济上的频繁往来,使马六甲成为东南亚的交通中心,大小船舶来来往往,大大促进了马六甲的繁荣。拜里米苏拉对中国的文化充满了仰慕和好奇,应郑和的邀请,于 1411 年带上王妃、王子及臣子等 500 人,浩浩荡荡来到了中国。

与后来的西方殖民者截然不同,郑和下西洋传递的是和谐发展、共同繁荣的共赢发展理念。郑和船队虽然始终都配备强大的军队,但从未侵占南洋诸国一寸领土,这也是为什么至今南洋地区对郑和极为推崇,它充满了中华文明以和为贵的精神力量,也成为中马友好合作的精神支柱。郑和庞大的船队不仅为马六甲的转口贸易带来商机,也大大提高了马六甲的国际贸易中心地位,使之迅速成为东南亚区域的政治和经济中心。在马六甲人的记忆中,郑和下西洋意味着邦交敦睦、贸易发展、和平安宁、技术传播。如今,弯弯的马六甲河两岸分列着郑和"官厂"与荷兰红屋,浓缩了马六甲数百年的跌宕起伏,而在郑和"官厂"遗址上建造的郑和文化馆,更是今日马六甲和平友好的象征。难怪李克强总理在东亚合作领导人系列会议的行程结束后,要和夫人驱车前往马六甲州。

除了与中国明朝政府建立良好关系,马六甲王国也与苏门答腊各国政府建立了官方往来,随着阿拉伯商人的增多,马六甲王国与阿拉伯世界的经济联系日益紧密,以伊斯兰教为主的阿拉伯文化逐渐被马六甲王国的统治者接受。

马六甲第二任国王梅格·伊斯坎达尔·沙在永乐十二年(1414)和永乐十七年(1419)两次亲赴明朝朝贡,更是奠定了他在马六甲王国的地位,稳定了马六甲和平发展的环境。第一次来明朝是其父拜里米苏拉逝世当年,他表示马六甲愿为明朝属郡,只有受到明朝天子的册封,才能真正成为世人眼中正统的马六甲国王,得到明朝其他藩属国的承认。第二次来明朝则是为了控诉暹罗不断侵扰的行径,希望借助明朝之力拒暹罗于国门之外。明成祖再次敕谕暹罗,令其与马六甲和平共处,这使得马六甲再次摆脱了暹罗的威胁。

1446 年,穆扎法尔·沙继承王位成为马六甲王朝的第五任国王,采用穆斯林君主的尊号"苏丹",奉伊斯兰教为国教,其执政策略也发生了重大变化,特别是在对待暹罗威胁这个问题上,并未沿袭向明朝请求保护和帮助的一贯做法,而是强调依靠马六甲王朝自己的武装力量,带领国民奋起反抗暹罗的侵犯。这成为马六甲王朝走向强大的标志。1446—1447年,马六甲军队先后两次从海陆击败暹罗军队的入侵,暹罗欲征服马六甲的企图未能得逞。之后,穆扎法尔·沙继续加强军队建设,扩充舰队,控制了马六甲的海岸,并派兵从西北攻占了雪兰莪作为粮食基地,又控制了苏门答腊海岸的战略要冲,成为该地区的霸主。

在贸易上,在郑和大船队离开亚洲海域之后,穆扎法尔·沙充分利用明王朝建立起的贸易网络,努力使马六甲成为中国、印度和阿拉伯商人之间的重要贸易桥梁。他铸造统一的阿拉伯文锡币,正面为"苏丹穆扎法尔·沙",背面为"宇宙与伊斯兰教之救主"。1459年,当这位苏丹国王去世时,马六甲王朝已经迎来了最鼎盛的时代。

到1470年,马六甲王朝已经成为东南亚地区实力最强的国家,马六甲海峡也完全处于其掌控之中,马六甲成为闻名于世的港口和经贸中心,其东连资源丰饶的东方文明古国中国,西连印度、阿拉伯世界及欧洲列强,犹如当代的中央商务区(CBD),成为当时东西方经济、文化交流的枢纽,每年吸引好几百艘商船前来贸易,中国人、印度人、阿拉伯人和欧洲人挤满了港口。中国的丝绸、瓷器,印度的织品,菲律宾的蔗糖,摩鹿加群岛的檀香、丁香、豆蔻等香料,苏门答腊的金子、胡椒,婆罗洲的樟脑,帝汶的檀香,以及马来西亚西部所盛产的锡,统统汇集到马六甲,再转运到世界各地。马六甲俨然成为当时全球商品的集散中心。政府设立四个港主专司港口事务,分管各个区域来的商船,配送货物,安排食宿和预订用来运输货物的大象,当然也负责制定和征收港税。按规定,西方来的商船按货价缴纳6％的港税,土著及东方来的货船则免税或折半。马六甲就像一个金光闪闪的聚宝盆,成为名副其实的黄金帝国。

而此时,明朝廷开始采取严厉的海禁政策,不仅停止政府船队出海的计划,而且严厉制裁私自到东南亚等地贸易的中国商人。当明朝自动放弃海上控制权,马六甲王国逐渐摆脱明帝国影响之时,西方殖民势力已开始游荡在其家门口,觊觎着这块"黄金"宝地。

1488年,第八任国王马哈穆德·沙继位。此时马六甲王国的版图一再扩大,但统治阶级内部的矛盾斗争日益尖锐,因王室争权、朝廷腐败,政权落入泰米尔人之手,马六甲王国国力逐渐衰退。1511年,葡萄牙人攻陷马六甲,开启了马来半岛的殖民史。

虽然马六甲苏丹王朝只维持了一个多世纪,但它被看作马来人自主统治的一个黄金时代。从政治上来看,马六甲王朝奠定了马来西亚的疆域版图,也开创了国家苏丹元首制度。如今,苏丹依然是马来西亚多数州属的最高统治者,且为世袭制,马来西亚目前是世界上独一无二的实行九位苏丹轮流当元首制度的国家。从经济上看,马六甲开启了马来西亚的海上经济新征程,无论是建立航海贸易制度,还是联结东西方国家,对于马来西亚乃至世界经济的发展都起到了重要的作用;从文化上来看,马六甲成为马来文化的中心,漫步马六甲,马来土著文化与外来的印度、中国和伊斯兰元素和谐相融。马六甲风格的文学、音乐、舞蹈、衣着,及其宫廷人士的华丽头衔,成为所有马来人的标准。马来语被赋予极高的地位,其最初是在苏门答腊形成的,在马六甲建国时被带到此地,它是所有马来国家的官方语言,即使许多地区依然保留地方语言。从宗教发展上来看,马六甲王国时期就正式将伊斯兰教奉为国教,并向马来半岛传播。

马六甲海峡的崛起是明朝开创的海上丝绸之路进入鼎盛时期的标志,同时也标志着东西方交往重心从亚欧大陆转移到海上,标志着人类命运共同体不可逆转的海洋走向,从而改变了世界格局。这也说明了从印度洋时代向太平洋时代的转型奠基于马六甲海峡的崛起,而并不是由于近一个世纪以后西方的航海东来。

历史可能杂糅着一些传说和史述,但不论是作为具有战略地位的要塞,还是作为承担重要货运交通的港口之地,马六甲王国都向我们描绘了一幅幅生动的历史画卷。马六甲在马来西亚的地位不言而喻,1956年2月20日,马来西亚第一位总理拉赫曼宣布马来西亚独立的仪式,就在马六甲的草场举行。如今的马六甲,依然是马来西亚一个重要的国际贸易交通港埠,更是马来西亚历史长河中的一颗璀璨明珠。

都是香料惹的祸

边境、海峡,均为扼要之地,也是兵家必争之地。

马六甲海峡是沟通太平洋和印度洋的天然通道。对早期的西方殖民者来说,控制了马六甲海峡,不仅控制了东南亚,而且敲开了西太平洋的大门,获得向中国、日本等国家扩张的基地。同时,控制了马六甲,也卡住了由西下孟加拉湾、印度洋的入海口,并使其成为印度的东部屏障。在经济上,控制了马六甲海峡,也就控制了东南亚丰富的物产和繁盛的海上贸易,扼住了东西两大洋乃至与欧洲通商的咽喉。所以,马六甲海峡注定成为西方殖民者向东方扩张的必争之地,在 16 世纪到 19 世纪初,葡萄牙、荷兰、英国等殖民者纷至沓来并在此争夺霸权。

除了这险要关隘,在这象牙之湾还有什么宝物,能把欧洲列国均吸引至此呢?答案可能会令人颇感意外——就是餐桌上的各类香料。

东南亚是香料的主要生产地区,欧洲殖民者对于马鲁古群岛的丁香、肉豆蔻和肉豆蔻干皮,以及苏门答腊岛、爪哇岛、马来半岛和婆罗洲等地的胡椒等香料一直都颇为眼馋。马六甲是重要的港口城市,每年运往中国的主要商品有胡椒、丁香、肉豆蔻、木香、阿仙药、象牙、锡、沉香木、樟脑、红珠、白檀、苏木等。① 马来西亚当时甚至被殖民者们取名为"寓言中的东方香料之岛"(Fabled Spice Island of the East)。

香料为什么会惹来如此大祸?先从小小胡椒说起。

早在中世纪,胡椒只生长在它的原产地——印度的山谷中,其生长之地毒蛇、怪兽出没,故不易得到。在当时,胡椒被人们称为"黑金"。物以稀为贵,黑金比黄金昂贵得多,这就意味着胡椒比黄金价高一等。在印度和其他一些地区,胡椒甚至被当作货币使用。在英国,耕地税就是用胡椒缴纳的。

胡椒虽只是香料中的普通一员,却已是贵族身价。12世纪中期的英国,国王的葡萄园工人工作一周的工资仅能购买1磅胡椒。13世纪,1磅肉豆蔻的外皮可以换得3只羊,1磅肉豆蔻可以换得半头牛。15世纪,1磅胡椒的价格与1头猪相等。在地理大发现之前,香料一直维持着奢侈品的地位和价格。就在达·伽马发现香料海岸2年之后的1500年,1磅番红花在德国仍然价值1匹马。② 如此高昂的价格以及易于携带和保存的特点,让香料成为可以代替货币的商品。

香料不仅具有作为货币流通的价值,还被作为宴会用品和贵重礼物,甚至被收藏和作为遗产继承。古老的英语谚语"他没有胡椒"意为"此人是无足轻重的小人物",而且法国谚语中也用"贵如胡椒"来形容某件商品的贵重。③

---

① 多默·皮列士著,何高济译:《东方志——从红海到中国》,江苏教育出版社2005年版,第99页。

② 杜君立:《香料的诱惑——地理大发现的经济动因》,《企业观察家》2015年第12期,第111—113页。

③ 田汝英:《"贵如胡椒":香料成为中世纪西欧的奢侈品现象析论》,《贵州社会科学》2015年第7期,第53—58页。

欧洲香料贸易①

　　由于巨大的经济价值,独占香料贸易成为各国殖民者的期望,不论是葡萄牙、西班牙还是荷兰或英国,无一例外。现代人生活中的寻常香料,在过去竟成为战争的导火索。

　　就贸易而言,7—15世纪国际市场最重要的商品当为香料,欧洲对于香料的迷恋近乎疯狂。15—16世纪欧洲开启地理大发现及大航海时代的原因之一,就是为了突破奥斯曼土耳其帝国对东方香料的垄断,各国企图通过发展航海技术,寻找一条通往东方的航线。

　　中世纪欧洲人追逐香料的最初欲望源自被其击败的罗马人。从3世纪开始,香料贸易因为罗马帝国东部边境的动乱而受到冲击,东方贸易岌岌可危,终于无以为继,罗马与印度的直接航路被阻断,香料贸易落入了非洲中间商手中。罗马人熟知

────────────

　　①　图片网址 https://www.sohu.com/a/416929346_100268363。

的香料圣地,在欧洲人眼中渐渐隐退为中世纪的幻想之地和未知的领域。当欧洲人最终完全统治罗马之时,他们一方面打破了香料贸易所依赖的罗马帝国的繁荣与秩序,另一方面继承了罗马人对香料的热爱。

欧洲人对于香料的渴望除继承自罗马人之外,还和对东方神秘的想象紧密相关。如特纳(Turner)在书中所言:"香料是与想象中神秘而华贵的东方形象密切相连的,这个词充满了诗意……香料和香料贸易唤起的是各种模糊、诱人的景象:漂荡在热带海洋上的独桅帆船,东方集市的阴凉角落,大漠中逶迤穿行的阿拉伯人骆驼商队,闺房撩人欲望的馨香,蒙兀尔人宫廷的馨香……"[①]

这种想象曾隐秘地出现在一些影视作品中,2005年上映的电影《香料情缘》(*The Mistress of Spices*)就是其一。电影改编自美籍印度女作家凯尔特·班纳吉·迪瓦卡卢尼于1997年创作的畅销小说。来自印度的女主在洛杉矶开了一家香料店。作为一个极具天赋的香料师,琳琅满目的香料在女主的手中仿佛被施予了神奇的魔法,凭借这一超凡能力,女主帮助了身边很多人。然而拥有这份魔力必须做到不与异性有任何的肌肤之亲,一段美丽邂逅的爱情却让她打破了戒律。电影保留了极具印度特色的元素,尤其是各种香料的展现,将观众带入一个神奇世界。

对于当时的欧洲人来说,香料已经成为"骄傲、奢侈、贪食和沉迷情色"等恶习的代名词,它代表了骚动不安的尘世欲望,具有危险的诱惑力。这样的想象和欲望,让香料的价值远远大

---

① 转引自余昕:《香料与世界》,《民族学刊》2017年第1期,第43页。

于味觉的刺激。

正因为香料与生俱来的高贵身份和天然诱惑,令各路征服者为之披荆斩棘,在马六甲海峡杀出一条通往香料圣地的血路。美国学者杰克·戈德斯通曾写道:"在世界历史的发展进程中,贸易与武力侵略像是一对搭档,互相伴生发展。"①

自 13 世纪始,欧洲一些国家和地区发生了技术、宗教和思想上的重大变化,使它们有条件率先参与到地理大发现、殖民扩张与国际市场的瓜分当中。1511—1824 年这 300 余年中,欧洲社会发生了巨大的变化,老牌殖民帝国相继衰落,新兴的资本主义强国取而代之,这决定了各新老殖民者对马六甲海峡控制权的更替。

葡萄牙是最早来到东方的国家。来自葡萄牙的航海家、探险家和商人受到反伊斯兰宗教狂热的影响与东方遍地黄金传说的诱惑,加上奥斯曼帝国对东西方过境贸易的长期垄断,通过陆路从欧洲到亚洲的印度、南洋和中国路途极为遥远。因此,开辟海上东方贸易通道成为当务之急。1498 年 5 月 20 日,航海家达·伽马率领舰队经过 10 个月的航行后到达印度西海岸的卡利卡特(今科泽科德),开辟了从欧洲到东方的航路。

葡萄牙人的东方殖民本质上就是商业掠夺,更直接一点说,就是希望从阿拉伯人手中夺取香料贸易的垄断权,以获取巨大的利润。此前,阿拉伯人一直是丝绸、香料等物品输往欧洲的主要营运者或中间转输者,这条通道是从中国、东南亚出发,途经马六甲海峡、印度半岛、波斯湾或红海,再转陆路经地中海到达欧洲之君士坦丁堡或威尼斯,最后转销欧洲内陆。因

---

① 杰克·戈德斯通著,关永强译:《为什么是欧洲?——世界史视角下的西方崛起(1500—1850)》,浙江大学出版社 2010 年版,第 63—64 页。

为香料的主要产地是东南亚,而不是印度半岛。对当时的葡萄牙人来说,想要打破阿拉伯人的垄断,获得对东方贸易尤其是香料的垄断权,就必须占领东南亚,直接把香料产地和主要市场控制起来。夺取马六甲并控制马六甲海峡,是葡萄牙东方殖民帝国总体目标的关键所在。

葡萄牙人对马六甲虎视眈眈并很快找到了契机。马六甲是一个信仰伊斯兰教的国家。东征马六甲,葡萄牙人甚至扬起"圣战"的旗帜,葡萄牙人阿伯奎进攻马六甲时的誓词是:"为我主耶稣争光,……把摩尔人赶出这个国家,并且根除穆罕默德的宗教,使它永远不会再玷污地面。"①这样,占领马六甲,既履行了亚历山大六世对葡萄牙人的训谕,又和其争夺香料贸易的垄断权并行不悖。葡萄牙人对穆斯林和阿拉伯人的屠杀、驱逐和禁令,明面上是因为信仰不同,实际上是在消灭强大的商业竞争对手。

1509 年,葡萄牙人率先入侵马六甲,但由于兵力悬殊,并未处于上风。直至 1511 年 8 月,在多次围城后,葡萄牙人取得胜利,马六甲苏丹见大势已去,黯然丢下富甲一方的马六甲城。马六甲城沦陷,意味着立国 110 多年的马六甲王国退出历史舞台,取而代之的是葡萄牙殖民者的统治。葡萄牙殖民者的入侵是马来半岛历史的重要转折点,它标志着近代殖民主义在马来西亚侵略和扩张的开始。

葡萄牙人占领马六甲后,烧杀抢掠,并希望从根本上改变这个国家的根基,拆除清真寺,建造城堡和基督教堂,并强迫人们皈依基督教。野蛮的葡萄牙人不仅对本地人实施暴力管治,

①　转引自翁惠明:《早期殖民者对马六甲海峡的争夺(1511—1824)》,《东岳论丛》2001 年第 9 期,第 86 页。

加征高额税收,还对英国商人和阿拉伯商人百般刁难。至 16 世纪末,正当葡萄牙殖民统治日趋衰败之际,荷兰作为新崛起的欧洲国家,将目光投向远东。

然而,荷兰要想同葡萄牙争夺海上霸权也并非易事。于是荷兰人没有受常规战略思维的限制,而是在通过好望角之后,绕过葡萄牙人重兵把守的传统航路,越过印度洋,直航巽他海峡,进入马来群岛,这样不仅缩短了航程,还避免了与葡萄牙人在印度洋上的纠缠,可以集中力量进行马六甲海峡争夺战及新航道的开辟,这使荷兰人原来遥远的理想很快就成了现实。

此时,葡萄牙人赤裸裸的掠夺政策和商业垄断政策,引起了来自中国、暹罗、爪哇、印度、阿拉伯等地商人的激烈反抗,他们拒绝前往马六甲进行贸易,致使马六甲船舶稀至,财路断绝。而地处群岛和半岛地区的亚齐、占碑、万丹、巴达维亚、北大年等港口城市纷纷兴起,商业贸易迅速繁荣,形成贸易市场上的对立。葡萄牙人在民族、宗教上的压迫,则促使东南亚人民包括马来土邦首领进行反殖民统治的斗争。与此同时,荷兰东印度公司成立,公司得到了政府的大力支持和所授予的广泛权力,并从每年的巨额利润中抽出资金以支付庞大的海军舰队、要塞、堡垒等所需要的军费,荷兰替代内忧外患的葡萄牙,如破竹之势不可挡。

和英国人、西班牙人或其他任何可能的竞争者相比,荷兰人是一个具有航海传统的民族,其舰船快捷便利,装备精良,战斗力强,他们从事海上贸易的历史和海军力量的发展使其拥有"海上马车夫"的称号。

与葡萄牙人相反,以"海盗"闻名于世的荷兰人专注于对物质财富的攫取,其所到之处,一般采取较为开明的宗教政策。所以,当荷兰人以反葡姿态出现时,当地统治者便争相获取荷兰人的支持。

以 1602 年为转折点,掌握了天时地利人和的荷兰人,在东方对葡萄牙人展开了积极的攻势。首先,荷兰人在爪哇、摩鹿加群岛等地和地方统治者签订条约,垄断香料贸易,建立商馆要塞,作为反击葡萄牙人的基地;其次,以强大的舰队封锁马六甲海峡的南部海域,截击葡萄牙人的商船,把望加锡、万丹、爪哇、北大年等东部市场置于自己的控制之下;再次,与马来半岛上葡萄牙人的宿敌柔佛建立联盟,共同反对葡萄牙人,从陆上侧翼威胁马六甲。不得不说,荷兰人比葡萄牙人更有谋略。

葡萄牙人在与荷兰人经历了两次海战后,彻底丧失了制海权,尽管之后荷兰人暂时停止了对葡萄牙人的战略进攻,着力于对群岛地区的经营,令葡萄牙人得以苟延残喘 30 余年,但这并没有改变葡萄牙人的命运。1640 年 8 月荷兰人开始围攻马六甲,绝望中的葡萄牙人依托坚固的要塞做最后挣扎,但马六甲最终陷落,葡萄牙人对马六甲、对马六甲海峡长达 130 年的统治宣告结束,荷兰人在马六甲海峡的霸权由此确立。

带着海盗基因的荷兰人倚仗自己的实力在马六甲驻扎下来,还建立商馆要塞以便大本营进一步扩张,他们的远征队开往亚洲东北部的千岛群岛和库页岛(1639、1643),保持同日本的往来,扩大和中国的贸易,侵占中国的台湾岛(1642—1661),并屡屡侵扰厦门等中国沿海城市,同时又往澳大利亚方向继续探索,并发现新西兰(1642)等。他们进一步插手马来半岛的事务,对锡、棉布等商品销售、贸易实行垄断。荷兰人在控制了马六甲海峡、打开了西下印度洋的门户后,乘胜追击、步步紧逼,葡萄牙人节节败退,荷兰人不仅夺取好望角,还插手锡兰事务,获得肉桂贸易的垄断权。1654 年荷兰人占领锡兰,并把它作为在印度洋建立海上霸权的第二个基地和贸易中心。1663 年,从好望角到马六甲海峡都已是荷兰人的天下。其后,面对与英国人及法国人的鏖战,荷兰人进攻不足,防守有余,其坚守锡兰岛,而视东南亚为禁脔,马六甲海峡始终未让他人染指。

作为马来西亚前宗主国的英国,在 17 世纪初,其实力远不如他的竞争对手荷兰。英国东印度公司募集的资金仅为荷兰东印度公司的十分之一。当时,英国的船主、商人前往东印度的航海活动,几乎都是在英王的鼓励下自费进行的个体贸易,英国公司也没有像荷兰东印度公司那样得到政府的大力支持,缺乏相应的资金建立一支能与荷兰人抗衡的海军舰队,以及保护贸易基地所必需的堡垒、要塞等。荷兰人是摧毁葡萄牙武装力量的主力,其每占领一地,便构筑堡垒要塞,建立贸易商馆,重兵防守。而英国人则亦步亦趋,就像牛虻似的围着荷兰人团团转,分点蝇头小利。荷兰人为击败葡萄牙人,争夺香料贸易的垄断权,支付了庞大的军费,投入巨大的力量,当然不容许英国人坐享其成。荷、英双方的竞争已是不可避免。

1611 年,英国人要求获得自由经营香料贸易的权利,荷兰人则要求两国建立联合东印度公司,英国需提供 22 个堡垒,4000 人的军队和 30 艘大船的费用,用以共同反对葡萄牙人和西班牙人。然而英国人继续参与贸易却分文未付,双方的关系日趋恶化,直至诉诸武力,爆发战争。

1619 年,两国政府又签订和约,规定英国东印度公司可获得胡椒贸易总额的一半和马鲁古群岛、安汶、班达岛香料贸易的三分之一,但须负担 10 条船和维持部分堡垒的费用。英国人埋怨荷兰人夸大了军费数额,阻挠了其在东方的贸易活动,双方的关系急剧恶化。最后,英国人再也不能忍受荷兰人盛气凌人的姿态和侮辱,逐步把注意力放到印度方面。

1623 年 1 月,英国人发现在荷兰人的敌意之下,要进行有利可图的贸易是不可能的。同时,其也无力支付沉重的维护战船、要塞正常运转的费用,便决定从东南亚撤出所有的商馆,停止贸易。英国人几乎没有经过大的反击就被荷兰人从东南亚"排挤"出去,直至18世纪下半叶,英、荷两国的战略平衡状态终于被打破。

英国资产阶级从夺取政权和巩固政权的斗争中挣脱出来,并开始进入资本积累时期。英国国内社会经济的演变决定了东印度公司发展的全部进程。在英、荷对峙的150余年中,英国人始终都未忘记与东南亚的贸易往来,但商业革命中的英国商人尚无力保护自己与东南亚和中国的贸易,且无力打破荷兰人的垄断。18世纪中叶,英国的工业革命兴起以后,形势开始有所改观,近代的机器生产大大提高了商品生产能力,这一直接结果便是要求扩大与其生产能力相适应的市场。与此同时对中国的生丝、茶叶,东南亚群岛地区的咖啡、香料以及半岛地区的锡等商品日益增长的需求,都促使英国人再也不能忍受荷兰人对马六甲海峡的控制和对东南亚丰富物产的独占及贸易活动中的垄断。而此时的荷兰人停留在17世纪贸易垄断政策的基础上止步不前,英国人则以强大的工业生产潜力为后盾积极挑战,斗争的结果已显而易见。

至1805年,英国拥有军舰250艘,法国、荷兰、西班牙共拥有军舰19艘,这一绝对优势使法国人、荷兰人完全丧失了对印度洋的制海权。1811年,英国人轻取爪哇。在印度洋上,毛里求斯、锡兰、好望角早已置于英国人的统治之下。从好望角到东南亚,和当年葡萄牙帝国相同规模的帝国再次诞生,唯一的区别就是挂着蓝红白的米字旗。

至此,马来西亚的香料贸易市场彻底被英国人收入囊中。

两位英国人的开埠之路

英国殖民者夺取制海权,控制海上贸易,靠的是军事实力,但如果想与荷兰争夺东印度群岛的霸权,必须在马来半岛理想的位置上建立补给港和转口贸易港,打造自己的海事基地。

这一点,有一个英国人看得非常清楚,他就是弗朗西斯·莱特(Francis Light)。

莱特出生于 1740 年,1759—1763 年曾在英国皇家海军服役,1763 年退役后成为英国东印度公司编内的私人海商。莱特 25 岁时已经开始正式率船队来往于马德拉斯①—马六甲海峡—亚齐航线,而当时的马六甲还是荷兰殖民地。

1770 年,步入而立之年的莱特已是马德拉斯海商协会的两位代理人之一,主要业务除传统的欧亚贸易以外,便是协助英国东印度公司与马来土邦统治者展开协议谈判。

凭着多年从军、从商的敏锐眼光,莱特提出将新加坡之南的宾坦岛作为基地的建议,但未得到英国东印度公司的同意,2 年后他又提议占领吉打,同样被否定。之后英国东印度公司看中了马六甲海峡南口的廖内,却被荷兰人捷足先登。直到 1786 年,莱特再次提出槟榔屿的计划,终遂其愿。

1786 年 8 月 11 日,莱特随英国东印度公司"范西塔特"号

---

① 马德拉斯现为印度最南部泰米尔纳德邦(Tamil Nadu)的首府钦奈(Chennai),1996 年为了去除英国殖民时代印记而更名。

和"瓦伦丁"号抵达槟榔屿,以致后来莱特常被称为"莱特船长"。如今,槟城康华利斯堡的小阁楼里,依然存放着弗朗西斯·莱特船长的铭碑。

乔治市莱特船长雕像①

　　此时的槟榔屿归属于吉打苏丹。自葡萄牙入侵马六甲后,出逃的马六甲王室重建政权,分别在吉打和马来半岛建立了柔佛王朝和彭亨王朝。吉打苏丹此时正身处内忧外患之中,一边需面对宫廷政局恶化的内忧,一边需应对暹罗、缅甸等国的外扰。莱特的到来,让吉打统治者们开始盘算将自己及后代保有政权的希望放在拥有强大势力的英国东印度公司身上,而这一想法可谓正中莱特下怀,令他建立殖民地的野心几乎达到

————————

①　图片网址 https://www.sohu.com/a/141024435_772420。

顶点。

在多轮商讨后,1771 年,吉打苏丹同英国东印度公司签订了马来西亚史上第一份马来土邦与英国人之间的军事防卫安全合约,双方就贸易权、商站及守军的安排进行了协商,4 个月后,内乱终于平息,莱特得到吉打苏丹的充分信任。

于是吉打苏丹再次通过莱特向马德拉斯海商协会提出缔结补充条约的建议,表示愿意赠送吉打河岸港口给该公司,换取对方在他征讨雪兰莪、布吉斯人时,提供军事援助,协会并没有立即给出明确回复。同年 11 月,苏丹再次以信件形式向该协会提议,这一次赠送的地区包括整个吉打河口至槟榔屿,但始终没有获得协会的支持。

1772 年,苏丹从莱特口中得知协会对前两次提出的"进攻性军事援助"提议不感兴趣,遂改而写信向印度马德拉斯邦分公司提出交换条件并获得军事援助。

1772 年 4 月 20 日,双方签署了合约,约定巴亨河口的两侧河岸至达图·马哈拉阇酋长所辖河流的管理权转交于英国东印度公司,并将从海岸线到巴亨河口两侧以及同等面积的巴汀酋长所辖内陆地区交由英国东印度公司管理,同时所有锡、黑胡椒和象牙的价格都将定为每巴哈尔①35 西班牙元,且不得出售给该公司以外的任何公司或个人,吉打沿岸不得再有其他国家的殖民地。

这种"以港口换和平"的合约,打破了马来半岛北部乃至中南半岛内部以及英国、荷兰、丹麦在东南亚的力量平衡,英国赢得了在马来半岛建立海峡殖民地的先机,同时拉开了马来半岛

---

①　巴哈尔(bahar)系重量单位,不同文献注释不同,1 巴哈尔约为 3 担或 5 担,根据葡萄牙的重量单位,1 担合 60 千克,但可以确定的是这一交易价格远低于当时的市场价格。

全境沦为殖民地的大幕。

1786 年 8 月,莱特向吉打苏丹租借槟城,英国拥有第一个长久基地,槟榔屿被正式纳入了英国殖民势力的版图。之后,槟榔屿对岸的威省部分也被割让给英国,来换取英国的军事援助以对抗暹罗、缅甸。

然而,1787 年 1 月,当暹罗攻打吉打时,英军并未如约驰援,吉打苏丹愤而决定用武力收回槟榔屿,但被英军击败。英军趁机逼迫吉打苏丹签署了第一个不平等条约,规定英国每年只向吉打苏丹支付 6000 西班牙元,作为占领槟榔屿的费用。1800 年,英国人再次逼迫吉打苏丹签订了第二个不平等条约,以每年 4000 西班牙元的微薄代价,强行夺得吉打海岸的另一片土地,并命名为"威斯利省"(后简称威省)。

莱特将槟榔屿命名为威尔士王子岛,并把在此登陆的地点称为乔治市,以致敬当时的英国国王乔治三世,而他本人也成为这里的开埠总督。槟榔屿因此成为英国在远东殖民地最早的贸易自由港。

据史书记载,莱特初抵槟榔屿时,那里的居民只有 58 人。莱特在任期间鼓励华人及其他移民进入槟榔屿,并提出岛内各族均有权保留其社会风俗和宗教独特性。华人先驱辜礼欢从吉打带领 500 名男丁、女眷和小孩移居槟榔屿,辜礼欢后来被任命为槟城首位华人甲必丹①,依傍英国人的势力,做了酒税承包人,一跃成为一方富豪。在莱特的精心运营下,这个人烟稀少的小岛慢慢热闹起来,并日益繁荣。来自不同地区的人定居

---

① 华人甲必丹(马来语:Kapitan)简称甲必丹,本意为"首领"。葡萄牙、荷兰在印度尼西亚和马来西亚殖民地推行侨领制度,即任命某位前来经商、谋生或定居的华侨为侨民的首领,以协助殖民政府处理侨民事务。辜礼欢是晚清著名文人辜鸿铭(人称"清末怪杰")的曾祖父。

于此,且大部分是下南洋的中国人。乔治市见证了东南亚第一所非教派学校——槟城大英义学(Penang Free School)的建立。在这所学校,学生可以自由选择英语或自己的母语来接受教育。莱特还在岛的东北角兴建了康沃里斯堡,这座城堡后来发展成远近闻名的贸易点。

至1792年,槟榔屿人口已近1万人。不幸的是,乔治市因为是在一片沼泽地上兴建起来的,建城伊始,疟疾横行,槟榔屿一度成为"白人坟墓",就连莱特也未能幸免,最终因疟疾而于1794年10月21日逝世,终年54岁。

1805年,槟榔屿正式成为英属印度政府的第四省。不同的历史阶段和先后定居的侨民丰富了这座城市的文化,直至今天,这里依然是马来西亚华人最多的城市,也是华人政党长期执政州。

槟榔屿殖民地建立的历史作用不仅在于它自身的经济贸易和海军战略地位,而且它还标志着英国人与荷兰人竞争的开始,是英国人争夺马六甲海峡控制权的第一步。然而,随着英国人向东南亚腹地的推进,槟榔屿的作用被证明是有限的,最终要被新的港口所取代。

随着1799年荷兰东印度公司的解散,英国东印度公司在东印度群岛的殖民霸主地位已名副其实。此时又一个英国人进入马来西亚的历史,他就是托马斯·史丹佛·莱佛士。

莱佛士是原槟榔屿总督手下的职员,时任英国东印度公司驻印尼明古连的总督。1818年,莱佛士来到印度总公司,向印度总督黑斯廷斯陈述了自己的计划,即在马六甲海峡的南口建立一个新的殖民点,作为群岛地区的商业中心及驶往中国的商船之补充、供给和维修的港口,此建议立即得到了总督的赞同。1819年1月28日,莱佛士一行登上柔佛王国管辖下的一座荒岛,也就是今天的新加坡。此时的柔佛苏丹看到英国势力与日俱增,由于畏惧暹罗扩张,迫切希望能抱上大英帝国的大腿。

熟谙马来历史和政治的莱佛士与柔佛苏丹天猛公合谋,仅两天时间,莱佛士就帮助天猛公扶植了一个新的柔佛苏丹东姑隆王子。1819年1月30日,莱佛士与东姑隆王子签约,英国每年分别向东姑隆王子和天猛公支付3000、5000西班牙元,同时承认东姑隆王子为柔佛苏丹。作为交换条件,东姑隆王子同意英国东印度公司在新加坡兴建贸易站,并不准其他国家在此建居留地。

当然,莱佛士的野心远不止如此。1823年6月,趁柔佛苏丹和天猛公要求提高年薪的机会,莱佛士与之续签协议,以两人各1500和800西班牙元的终身月薪代价,买断了新加坡全岛的司法权、税收权等一系列权力,附带的限制性条件就是英国人要尊重马来人的习俗和传统。

1824年8月,英国再与东姑隆王子签订"友好"协议,约定将新加坡岛连同附近的海域、海峡和岛屿的全部管辖权和产权永远割让给英国东印度公司。至此新加坡彻底沦为英国殖民地。

英国人占领新加坡后签订的条约,与槟榔屿如出一辙,只是用非法的手段给这种侵略披上了一件合法的外衣。莱佛士成功地占领新加坡,这是英、荷争夺海峡控制权、瓜分东南亚过程中最为关键的一步,也是英国人后来进一步向东方扩张所迈出的关键的一步。新加坡和槟榔屿一南一北,从两端把马六甲海峡"密封"起来,使马六甲在战略上、贸易上的地位顿时一落千丈。

事实证明,莱佛士确实是个精明的商人。新加坡优越的地理位置和殖民者实施的自由贸易政策,使其开埠后迅速发展并日趋繁荣,1819年时新加坡人口不过150余人,到1824年时已经超过万人,1860 年达到了 6 万多人。自 1823 年起,英国人便将行政中心从槟榔屿迁至新加坡。

1826 年,英殖民者将槟榔屿、新加坡、马六甲三港口整合为海峡殖民地。1830—1851 年,海峡殖民地由孟加拉总督管辖,之后由印度大总督管辖,直到 1867 年,其行政权由印度总督移交给伦敦的殖民地事务大臣管理。

新加坡被英国占领,这给荷兰人在东南亚的统治以致命的一击,也基本决定了马六甲海峡的命运。

对于英国人的做法,荷兰人当然心有不甘,但此时除抗议和政治上做某些空洞的威胁外,已别无他法。东印度群岛本来就是英国人的施舍,如果英国人翻脸,荷兰人的既得利益也将荡然无存。荷兰人有自知之明,既然不能以武力来保护自身的利益,忍气吞声是唯一的保身之道。

如果说垄断政策是荷兰苟延残喘的护身符,那么自由贸易政策便是英国与荷兰争霸并获得成功的强大武器之一。这一政策,不是英国普遍理性、平等、民主思想的体现,而是自 18 世纪中叶以来英国工业革命飞速发展的自然结果,是以廉价的商品为武器,去开辟更广大的原料产地和满足商品市场的需要。自由贸易政策有利于大英帝国的对外殖民和经济扩张,自由贸易的最后结果是英国的经济垄断,在印度亦是如此。

早在莱特开发槟榔屿的时候,也曾一度实行过这一政策。新加坡进入莱佛士时代,更是将自由贸易政策的作用发挥得淋漓尽致,该政策吸引了来自荷属群岛、中国、菲律宾以及阿拉伯、印度和西方的商人,使新加坡迅速繁荣起来,成为闻名遐迩的世界性贸易中心,直接导致了荷兰垄断政策的破产。可以说自由贸易政策是莱佛士开发新加坡计划的基点,也是他获得成功的主要原因。所以,莱佛士有理由得意扬扬地说:"马耳他在西方占什么地位,新加坡也可以在东方占同样的地位。"①

　　仅从人口的增长来看,1825—1850 年,新加坡、槟榔屿、马六甲居民增长率分别达到了惊人的 341%、39%、107%,三港整体居民增长率达到 117%。换言之,这三个港口在短短 25 年间实现了一次大规模移民,其中新加坡的人口更可谓是爆发式增长。也正是在这一时刻,大批华人下南洋来到马来西亚谋生,为当地华人社会的形成奠定了基础。时至今日,新加坡和槟城居民仍以华人为主。1850—1864 年,其人口总数依然持续增加,但增长率略有回落,三港增长率分别为 59%、37% 及 21%,整体增长率为 39%,说明迁入人口已经减少,大量增加的应是常住人口。这一数据反映了海峡殖民地社会经济发展之快,对人力需求之大,同时也反映了居民结构开始趋向稳定,第二代海峡移民出生,多族裔移民社会开始成形。

　　不仅是在经济上独具慧眼,莱佛士对于新加坡的教育也是倾其心力,捐款兴建了第一所学校——莱佛士书院,新加坡第一任总理李光耀便是毕业于此。然而,命运多舛的莱佛士,最终却悻悻而归,于 1826 年 7 月 5 日中风而死,终年 45 岁。

　　海峡殖民地的建立,是特定时期的历史产物。对于马来统治者而言,其希望以割让港口为代价,借助外部力量来维护自身的政权并获得经济回报。除荷属马六甲外,在 1826 年以前,马来半岛的吉打、霹雳、雪兰莪等马来土邦基本还是由苏丹紧握大权。对于以英国为代表的新兴资本主义强国来说,通过缔结条约、军事行动等手段,来击败荷兰或者与马来统治者达成利益交换,且坚持不干预原则,能避免涉入太深而带来更多风

---

　　① 霍尔著,中山大学东南亚历史研究所译:《东南亚史》,商务印书馆 1982 年版,第 588 页。

险和成本。

当然,和马六甲略有不同,槟榔屿、新加坡沦为殖民地的原因稍有差异。

对马六甲而言,从葡属到荷属,再到英属,频频易主。从这个角度上说,马六甲当之无愧是三港中资格最老的殖民地。从马六甲王朝时代的辉煌到英属马六甲时代的衰落,马六甲经历了备受恩宠到失宠的过程。当然,由于其险要的地理位置,其依然发挥着重要港口的作用。较之其他两个港口,英国获得马六甲靠的更多的是武力。

对槟榔屿而言,沦为殖民地,除英东印度公司坚船利炮的威吓以外,还要归咎于苏丹的"失算"。吉打苏丹试图通过让渡港口贸易权以及赠予港口土地,来换取英国人的支持,虽说是形势所迫之下的无奈之举,但这种饮鸩止渴的做法,直接导致了槟榔屿和吉打河口地区的殖民地化,而殖民地化则导致马来人的历史话语权被迅速蚕食甚至被消解。

对新加坡而言,柔佛—廖内王朝的分裂、天猛公的野心和莱佛士的计划都是这个新英属殖民港诞生的重要前提。荷兰东印度公司对英国东印度公司在新加坡建设商站的强烈不满,实际上是荷、英在东印度群岛殖民地争夺中矛盾白热化的开端。接下来的发展证明,莱佛士是颇具眼光的,海峡殖民地三个商站发展之迅猛,超出了英国东印度公司的预期,在印度—中国之间的贸易航道上扮演着重要角色。当然,莱佛士的成功与莱特一样,是抓住了马来苏丹的软肋,通过扮演"保护者"换取对方的信任,将生米煮成熟饭后再施以威逼利诱。或许正因为二人当年的手段都不太光明正大,以致一直有人恶意损毁他们的雕像:莱佛士的雕像在新加坡独立之时差点被掀倒,莱特的雕像甚至在2020年被泼了红漆。

今天,当我们漫步槟城和新加坡,会看到两处遗址。

位于槟城乔治市的红毛旧冢墓群中,第一任总督弗朗西斯·莱特就安葬在此,他的墓碑上用英文写着"这墓碑下躺着的是开拓此岛的英国殖民者"。

而坐落在新加坡的另一尊莱佛士雕像下写道:"托马斯·史丹佛·莱佛士(1781年—1826年7月5日),于1819年正月廿八日,于此历史性地点,首次在新加坡上岸,以其聪明才智与远见改变新加坡的历史,由一个默默无闻的渔村,成为一个大海港和现代化城市。"[1]

作为殖民者,他们的功过自有历史评说;但作为开埠者,他们确实为马来西亚的历史翻开了新的一页。

莱佛士雕像[2]

---

①   赵伐:《海峡"门臼"边的花园之国——新加坡》,浙江工商大学出版社2019年版,第9页。

②   图片来源于《南洋风雨:新加坡特色店屋讲述的两百年历史》,http://www.thepaper.cn/baidu.jsp? contid＝1308468。

一场更名历史大戏

　　海峡殖民地的建立奠定了英国在远东的霸权,但最初是利己不损人,英国人对马来半岛内地各邦内政并不干涉。随着资本主义工业的迅速发展,对原料和市场需求增大,英国资本家对马来半岛丰富矿产资源的兴趣日渐浓厚,加之欧洲列强纷纷向远东扩张,法、德、俄等国都企图插上一脚。1870 年后,英国开始采取积极干预的政策,通过损人利己的方式获得更多的利益,并逐渐介入当地事务。英国人为此再次卷入与马来土邦乃至各大邦族的权力博弈中,也拉开了马来西亚独立的历史序幕。随之而来的,便是一场由马来政治领袖和英国殖民统治者共同主演的更名大戏。

　　为能连贯剧情始末,先用浓缩的文字,"10 倍速"快进刷播马来西亚从 1896—1965 这 70 年间的历史中四次更名的来龙去脉。

　　首次得名发生在 1896 年 7 月 1 日,英国人以协助马来人处理事务为由,将彭亨、雪兰莪、霹雳与森美兰等四个州合组为"马来联邦",由英国提供"保护"。当地华人将这四个州称为"四州府"。

　　这一阶段,四州在名义上依然由世袭的苏丹统治,由其负责管理马来人的宗教及社会事务,实际上英国人同时也另外派任驻区总驻扎官,总揽所有事务,但主要负责外交和国防事务,以及非马来人的事务,如有需要,也可以介入马来人事务,各州苏丹要听其指挥。实力虚弱的各苏丹州面对拥有坚船利炮的英国,只能任其摆布,马来苏丹为稳固自己的王室政权,接受英国以"混合统治"的方式对马来联邦进行管理。

继"四州府"后,英国人进而又取得了"五州府"(玻璃市、吉打、吉兰丹、登嘉楼及柔佛)的统治权,至 1914 年,各州便组成"马来属邦"。再次得名标志着英国完全控制了马来半岛。这一阶段英国政府保留了原有的苏丹统治方式,仅派顾问担任名义上的首脑,算是一种"间接统治"。

这时看起来虽然有点放权治理的意思,但英国政府采用的是分而治之策略,将马来亚分为三个行政区,分别为海峡殖民地、马来联邦和马来属邦。后两者不采用殖民管理,而是将其纳为英国政府的保护国,由海峡殖民地总督管辖,但无论何种形式,权力最终归属于英国政府。这一策略使马来亚长期处于分裂状态,为独立后的马华关系矛盾留下了隐患。

英国的殖民统治虽引发了当地民众的不满,但直到太平洋战争爆发之前,这些民族政治运动并未撼动英国的殖民统治地位。1941 年 1 月—1945 年 8 月,马来亚、沙巴、新加坡和砂拉越被日本占领。日本统治马来亚的时间不长,但对战后马来亚的政治发展却产生了重要影响,尤其是对马华之间的冲突起了推波助澜的作用。

"二战"结束,日本战败,英国人重新夺回统治权,新时代新气象,必然需要新名字。

1946 年 4 月 1 日,"马来亚联盟"成立,将新加坡之外的各州(包括原马来联邦、马来属邦、槟榔屿和马六甲等)全部纳入,这一计划暴露出英国人企图进一步加强对马来亚统治的政治野心。由于未能赋予马来人充分权利以及企图分离新加坡等,此次更名计划遭到包括马来人在内的各方力量的反对。同年 5

月 11 日,马来民族统一机构(巫统)成立。

　　经过英国政府代表、苏丹和巫统领导人近两年的协商,
1948 年 2 月,英国政府为顺应马来人的要求,将"马来亚联盟"
改组,成立了"马来亚联合邦",此次更名带来的主要变化,就是
恢复马来苏丹被剥夺的权力,并承认马来人的一些特权。英国
政府通过损害非马来人的公民权利以获得马来人的政治妥协,
激化了非马来人对于马来亚联合邦的对立情绪。与此同时英
国人也是做了一次搬起石头砸自己脚的错误决定,间接起到了
对巫统的捧角作用,使巫统自此长期得到马来人的倾力支持,
在马来西亚政坛占据主导地位,这为巫统后续和英国政府的谈
判博弈埋下了伏笔。此次更名仅得到封建苏丹和大资产阶级
的支持,新加坡和马来亚的各族人民都表示坚决反对,但英国
对这些声音已无动于衷,马来亚联合邦正式成立。此次更名看
似保证了英国殖民统治的稳定,但马来西亚政局已发生变化,
这种挑拨离间的做法激起了马来亚各族人民的民族意识,揭开
了马来西亚独立斗争的序幕。

　　1951 年,马来亚联合邦先后进行了一些内政改革,并举办
了一些选举活动,虽没给民族自治带来太大的改观,但作为马
来亚的政治改革热身,促成了以马来人为代表的巫统和以华人
为代表的马来西亚华人公会(马华公会)的联盟合作。1954 年
12 月,在马来西亚印度人国大党加入后,马华印联盟党(国民阵
线的前身)正式成立,马来亚各派政治力量集结,民族运动空前
高涨,殖民统治的丧钟已敲响。1955 年 8 月,联盟党在马来西
亚举行的首次联合邦立法议会会议选举中赢得 52 席中的 51
席,从而组成新政府,享有自治权,巫统主席东姑·拉赫曼出任
马来亚联合邦首席部长兼内政部长,自治政府的成立象征着马
来西亚向独立又迈进了一步,并开始着手和英国政府展开独立

谈判。

当然,成功并非一朝一夕可至。新政府的成立虽未很快实现独立的梦想,但给以东姑·拉赫曼为首的新政府增加了和英国谈判的筹码,随着全世界不可逆转的非殖民地化潮流,举国欢庆的日子越来越近。

1957年8月31日,英国政府终于同意马来亚联合邦在英联邦内独立,英国长达百年之久的殖民统治终于落下帷幕,马来亚人民拨云见日,这一天,成为马来西亚的"独立日"。

然而,此时的新加坡、文莱、沙巴及砂拉越地区依然在英国的统治之下。马来亚联合邦的独立将新马合并提上了议程。作为马来亚首任总理,东姑·拉赫曼在国际媒体会议中多次表达了组建"马来西亚联邦"的愿望。作为英国直辖殖民地,新加坡已忍受了多年的分离之苦,当听到拉赫曼总理的呼唤时,新加坡人民犹如远离家乡的游子听到母亲的呼唤一般,归乡之情更为急切。然而,归途并不平坦。经过几任新加坡领导人的努力,1959年5月,以李光耀为总理的新加坡新政府成立,新加坡自治邦宣布自治,但仍是英国殖民地和英联邦的成员。

基于新加坡的经济形势和地理位置,以及对国家左右派力量的权衡,新官上任的李光耀总理在加入"马来西亚联邦"的意见上,与拉赫曼总理态度一致;但在其位谋其政,二人对于新马合并的想法并不一致,这也导致之后的合并犹如强扭的瓜,难以令双方满意。

1963年9月16日,在拉赫曼总理多次向英国据理力争之下,经过多方力量的共同努力,马来西亚联邦终于成立,其成员包括马来半岛的11个州、新加坡、沙巴及砂拉越。此次更名的意义,不仅在于成就了马来西亚历史上最为完整的地理版图,也使马来西亚终于摆脱殖民统治。9月16日也成为每年举国同庆的"马来西亚日"。

马来西亚联邦的成立,终于圆了拉赫曼和李光耀两位政治家的梦想。东姑·拉赫曼毫无争议地成为马来西亚的第一任总理。因为他的卓越贡献,他被尊称为"独立之父"和"马来西亚国父"。自罗马帝国伊始,以国家首脑的头像作为钱币图案已成风尚,1967 年,马来西亚在进行货币改革时,在新发行的林吉特①纸币上,正面印刷的都是东姑·拉赫曼的肖像,以此来纪念马来西亚的这位伟人。

马来西亚 50 林吉特纸币图案

至此,马来西亚联邦的更名终于完成,但马来西亚的内政变革并未结束。

新加坡与马来西亚之间的政治合作出现诸多不和谐。新

---

① 林吉特(Ringgit),是马来西亚的法定货币以及部分国家的流通货币,国际标准代码是 MYR,货币符号为 RM,马来西亚官方中文表述为"令吉"(2005 年以前称为"零吉"),又称"马币"。根据 2021 年汇率,1 林吉特约为 1.5 元人民币。

加坡与拉赫曼领导的马来人多有分歧,这似乎在情理之中,但作为同样是以华人为主体的新加坡,与马华公会的华人也有摩擦,这却是在意料之外。在李光耀的政治蓝图中,加入马来西亚联邦,是希望马来西亚政府能给予一些有利的席位和预算,以此来帮助新加坡更好地发展,而这与拉赫曼合并的初衷是相背离的。从马来西亚政府的角度,组建马来西亚联邦一方面是为了扩大政治版图,与英国的其他殖民地——新加坡、沙巴、砂拉越和文莱等合并,扩大和巩固其经济基础;另一方面也是希望能谋求政治稳定,通过共同对付共产党,减少新加坡独立后华人在马来半岛可能带来的影响。政治诉求过多的李光耀令拉赫曼颇感为难,在权衡利弊后,马来西亚终于决定要求新加坡退出马来西亚联邦。1965 年 8 月 9 日,马来西亚议会在新加坡代表缺席的情况下对新马分离进行投票,最终以 126 票全票通过,新加坡被迫脱离马来西亚,并独立建国。马来西亚联邦的名称则继续保留,直至今天。

剧情到这里也就结束了,帮大家将一捋这些名称:马来联邦、马来属邦、马来亚联盟、马来亚联合邦、马来西亚联邦。若非了解马来西亚的历史,可能很难知道这一两字之差暗含的玄机。

至今网络上仍不乏有人发帖询问"马来""马来亚"和"马来西亚"三者的差异。回帖者甚至将马来西亚的历史搬来作为权威解释。对于三者的差异,可以从属性上做一区分:马来(Malay)是一个族群,分布在多个国家(马来西亚、新加坡、文莱、印度尼西亚、泰国等);马来亚(Malaya)是一个前政权,其领土约等于现在的西马;马来西亚(Malaysia)则是一个国家,领土包括西马和东马(沙巴、砂拉越)。

在分辨不清的概念中,还常会有以下两种错误的理解。错误一：马来西亚人＝马来人。事实上，一个马来西亚人，他可能是马来族、华族、印度族、伊班族等，而一个马来人，他可能是马来西亚籍、新加坡籍、印度尼西亚籍、泰国籍、英国籍等，弄清楚这个才能更好地理解今天马来西亚政府打造"一个马来西亚"和"马来西亚人的马来西亚"的政治意图。错误二：马来西亚半岛＝马来半岛＝马来群岛。马来西亚半岛其实只指西马；马来半岛是大陆连接马来群岛的陆路走廊，半岛上有缅甸、泰国、新加坡和马来西亚四个国家；马来群岛则由苏门答腊岛、加里曼丹岛、爪哇岛、菲律宾群岛等两万多个岛屿组成，群岛上的国家有马来西亚、文莱、印尼、菲律宾、东帝汶和巴布亚新几内亚等。

而真正和政权有关系的概念可能只有两个——"马来亚"和"马来西亚"。如今，马来西亚国家仍保留着一些马来亚的历史痕迹，如著名的马来亚大学、国徽上的马来亚虎等。

对于马来亚名称的由来，众说纷纭。有说是指公元 5 世纪起，印度曾将此地划为自己的殖民地，"马来"（Malai）可能来自梵文，即"多山的地方"；有说是因马来族得名，Malay 源于希腊文 Melas，即"黑色"之意转讹而来。当西方殖民者最初入侵南洋群岛时，见当地居民肤色比欧洲人黑，故起名马来人；也有一说是中古时期，马来半岛上有"末罗瑜国"（Melayu），中国闽南一带华侨按其音译为"巫来由"，称其国人为"巫来由人"，简称"巫人"，后按语音演化为"马来亚"，故而其执政党称为巫统也就顺理成章了；还有一说是称马来亚名称来源于 14 世纪后半期马来半岛上建立的马六甲国，意为"大的岛屿"。无论是何出处，皆与该国的地理环境和族群特点有关，而马来亚在马来语中翻译为 Tanah Melayu，其意比较简单直接，就是指"马来人的土地"，这种翻译具有明显的以种族归属划分之意。

马来西亚的英文名 Malaysia，其由来自然也是源于其所处的地方——马来半岛(Malay Peninsula);另有一说是马来西亚由马来亚、沙巴和砂拉越三部分组成,-ia 在拉丁文中是土地、国家的意思;还有一解为 Malay 马来＋ia 阴性词尾,表示地名,还是强调为"马来人种的土地"。另外还有未得到论证的趣谈,如 Malaya 加上 si 变成 Malaysia,那个 si 代表新加坡 Singapore 的 si。

根据马来西亚华语规范理事会颁布的译名标准,"马来西亚半岛"才是规范用词。马来亚半岛的 11 个州也叫西马来西亚,简称西马;而砂拉越和沙巴则合称东马来西亚,简称东马。

熟悉马来西亚的人都知道马来西亚还有一个昵称,那就是"大马"。对此也有人费解,马来西亚国土面积并不大,还没有我国云南省大,为什么叫"大马"? 有人说这是一种自我心理暗示,就像韩国叫大韩民国,日本叫大日本帝国,这个类比式的解释当然不太科学;也有人说"大马"是为了和马尔代夫的"小马"进行区分,然而马字开头的国家不下 10 个,仅以大小二字恐怕难以分清,何况没有哪个国家愿意承认自己是小马,此解也说不通。大马之说或许只是为了区分"马来亚"和"马来西亚",是一种简化的亲切称呼,代表着独立后的马来西亚在面积上比马来亚更大,更寓意着在发展上比马来亚更强大。

历史上国家的易名更名,大都代表着朝代更迭,近现代更名的国家也有存在,远的如 1949 年 5 月"暹罗"改为"泰国",近的便是 2018 年 6 月"马其顿共和国"更名为"北马其顿共和国"。这些更名有的是觉得不便于树立国家形象,还有的是为了获得更长远的发展。

马来西亚的几次更名,只是细微处的变化,算不上真正意义上的更名,所以并非什么更朝换代,只是英国殖民者与马来政权在利益博弈中划的一个调整分割线。仅最后的马来西亚联邦代表着马来西亚真正独立成为一个国家,其余时期无论是马来联邦、马来亚联盟,还是马来亚联合邦,都还处于英国殖民者的统治下,主要是英国殖民者给马来统治者的安慰剂。

最为激烈的冲突是在马来亚联邦计划中英国提出取消各邦苏丹权力的规定,这从根本上触动了马来族群各阶层的利益。在马来人的传统中,苏丹一直是权力的象征,在没有形成民族意识之前,马来人只臣服于本邦苏丹的统治,因此,该规定在马来人中引发了轩然大波,被视是为对马来人特性和国家民族认同的践踏,严重伤害了马来人的感情。与此同时,英国将公民权平等地赋予马来亚的每个族群,在经济和文化教育领域的能力远不及华人的马来人,意识到华人未来将在政治上和马来人享有同等权利,甚至可能会转由华人主导,马来人将丧失国家的领导权,这是马来人无法接受的。用报纸上的话来讲:"我们的未来正在面临危险,新计划不仅影响我们,而且影响我们的子孙。如果我们不努力争取的话,我们将遭到我们子孙的诅咒。"①马来人的政治觉醒使得马来亚联邦计划流产,从而必须用一个新的马来亚联合邦计划来修正之前的政策。

天平的一头偏向马来人,必然会牺牲另一头的利益,马来亚联合邦计划充满了对非马来人,尤其是对华人的歧视性规定,比如公民权的获得条件变得无比苛刻,若要获得马来亚联合邦公民权,必须是在马来亚联合邦出生且申请前 15 年中,最少住满 10 年;申请人在前 20 年中,有 15 年以上住在联合邦;申请人宣誓将永久居住在联合邦,并向联合邦效忠。华文报刊

---

① Ishak bin Tadin. "Dato Onn and Malay Nationalism 1946—1951", *Journal of Southeast Asian History*, 1960(1). 转引自朱钦胜、宋少军:《马来亚联合邦的建立及影响》,《东南亚南亚研究》2013 年第 3 期,第 83 页。

《中国报》曾指出："如果此时对公民权问题不继续强力争取,则非马来人在未来遭受居留、出入境、产权、职业、教育等各种不平等的歧视与限制,势必更为严酷,根本的生存机会,亦将破灭。"

研究国家的名称变化,便是寻找一条国家历史演进的轨道,就像摸清一个家族的族谱,细数一个家族的兴衰成败。这个位于马六甲海峡上的黄金帝国,经历了300多年的殖民历史而积留了诸多尘垢,马来西亚进入开国之初,已百废待兴,期待着崭新的明天。

中篇

马来西亚的今生

马来西亚人的马来西亚

　　撤销 27 个服务领域中 30％的土著股权限制；

　　将非商业银行外资股权上限提高至 70％；

　　允许外资银行在全国增设分行；

　　按照人口比例发售专项信托基金，马来人、华人和印度人以及其他族群分占 50％、30％、15％和 5％；

　　在全国范围内设立 50 家专项诊所，为全民提供最便宜的医疗服务，诊疗费每次仅收 1 林吉特；

　　…………

　　这是 2009 年 9 月 16 日马来西亚新政府为了重塑种族互信而在经济、医疗、教育等领域颁布的系列改革举措，也是马来西亚政府正式提出的"一个马来西亚"政策，包括"一个马来西亚人民援助金""一个马来西亚诊所""一个马来西亚商店"等惠民政策。

　　"一个马来西亚"政策的推行就是要建立一个"马来西亚人"的马来西亚，而不只是"马来人"的马来西亚，希望能让这个国家的不同族群拥有平等的地位和权益，能够共享惠益，团结一致，从而共同建设一个更美好的马来西亚。

　　"一个马来西亚"理念主要分为两个部分：一是团结原则，即马来西亚各族之间应相互"接纳"，以宪法和"国家原则"为国民原则,建立公平社会;二是推出八大价值观,即卓越文化、毅力、谦卑、认同、忠诚、精英管理、教育及诚信。①

新政府一再强调这不是一句空头口号,那为何要提出这样的政治愿景呢?

"一个马来西亚"政策的提出,基于马来西亚当时的国情。和其他多民族国家一样,马来西亚拥有非常灿烂的民族文化,也拥有非常复杂的族际冲突。

自 1957 年独立以来,马来西亚政府先后颁布了诸多有利于马来人的政策,逐步确立并不断巩固马来人在国家中的"主人地位"。

政治上,马来西亚实行议会制君主立宪制,保留了苏丹作为国家最高元首的传统。因此,"九个苏丹轮流做国王"也成为马来西亚独有的国家制度。虽有国王,但政府行政权力来自国会,政府首脑为内阁总理,内阁成员则来自政党联盟——国民阵线(简称"国阵")。国阵则主要由分别代表马来人、华人和印度人的巫统、马华公会和马来西亚印度人国大党等三大政党组成,还有一些其他政党加入,但巫统作为马来人的政党,也是规模最大的政党,在政治上拥有主控地位,占各级政府公职的五分之四。国家军队和警察队伍的成员大多数也是马来人。这种兼具西方特色又有马式传统的半民主政治制度,不仅成为一种令政界和学界非常关注的政治体制,也带来了马来西亚风云变幻的政治格局②。

---

① 骆永昆:《"一个马来西亚"政策及其启示》,《国际资料信息》2010年第 3 期,第 40—43 页。

② 2018 年 5 月第 14 届全国大选成为马来西亚独立以来政治发展的分水岭:以巫统为核心的执政党联盟"国民阵线"失去联邦政权,马来西亚政党政治格局正在发生改变。

经济上,马来人享受"新经济政策"①的红利。该政策也称"原住民优先政策",于 1970 年推行,即通过相关政策倾斜,改善资本占有结构,从而达到有利于马来人的财富重新分配,消除马来人在经济实力上与华人的明显差距,防止华人在经济上占支配地位。而这一政策虽名为"经济政策",但其实施内容却远远超出了经济的范畴,涉及教育、语言、文化、宗教等非经济领域,实施时间长达整整 20 年。另外,各州的农村和城市地区为马来人提供保留地,不许非马来人占有;保证从事经济活动的马来人获得执照或许可证。

文化上,马来西亚确立了以伊斯兰文化为核心的国家文化政策,以伊斯兰教为国教,以马来语为国语,建立以马来语为唯一教学媒介语的国民教育体系,长期不公平对待华人等其他族群的母语教育,如对于以非马来语为媒介语的学校,政府不提供师资和经费的资助,不承认华文独立中学的毕业文凭。公立大学实行保护马来族和土著族群的教育"固打制"②(Kuota),根据种族分配新生录取名额等,马来人也有获得奖学金(3/4)、受教育和培训的比例保障。除此以外,非马来人申请公民权要受到居住时间的限制,且必须参加马来语考试。

相比之下,华人、印度人在社会中处于相对弱势地位,且常被居于核心地位的马来人"边缘化"。这种"边缘化"不只是个人内在的感受,更是从上至下咄咄逼人的态度,有的政府高官

---

①　1969 年 5 月 13 日,马来西亚首都吉隆坡的马来人发动大规模针对华人的暴乱,导致至少 196 人死亡,包括 143 位华人,史称"五一三事件"。此事件后,马来西亚总理拉扎克领导的政府于 1970 年提出了"新经济政策",旨在消灭种族及经济差异,同时降低贫民率。

②　固打制,即不论入学成绩,统一按种族群人口比例确定招生名额,其中马来人占 60％,华人占 30％,其他民族占 10％。

频发"捍卫马来人议程"的言论,甚至演化成直接发表"华人寄居论"①。种族矛盾已然成为马来西亚政治、经济和社会发展的绊脚石,甚至可能随时引发种族动乱,如1969年爆发的"五一三事件"、2007年11月万名印度裔在吉隆坡国油双塔前游行示威与防暴警察发生冲突。马来西亚新政府在此时提出"一个马来西亚"的团结口号,恰逢其时。

"一个马来西亚"政策的提出,也表现出马来西亚新政府力图走出经济发展困境的决心。1957年独立之后的马来西亚已具有一定的经济基础,在整个东亚地区经济发展排名靠前;1970年,政府制定实施"新经济政策"后取得更快发展;1977年,马来西亚顺利跨进"中等收入国家"行列。然而在之后的40年经济发展中,马来西亚人均国内生产总值仍未达到高收入国家人均12055美元的下限,在"中等收入陷阱"中裹足不前。新政府寄厚望于国家转型计划,希望马来西亚能在2025年迈入高收入国家行列,要实现这一目的,必将有一场苦战,需要获得公共与私人领域及人民的投入和全力支持。

华人和印度裔占马来西亚近三分之一的人口,尤其是华人对马来西亚经济影响巨大。与此同时,华人母国的日益强大,也令马来人有所忌惮。作为新政府,借机主动示好,也有利于执政稳定。"一个马来西亚"言简意赅,作为口号,直击人心,表现出新政府"以民为先、以表现为主"的态度。"以民为先"即倾听民意、关注民生、消除贫穷、提高全民实际收入,让人民参与国家政治进程,扩大言论自由;"以表现为主"即政府不可滥权、不可采取"政府知道最多"的态度,要用实际行动满足人民需

---

① 2008年8月马来西亚槟州巫统升旗山区部主席阿末·依斯迈,声称华人是寄居在马来西亚土地上的外来人,因此不可能获得与马来人相同的权利。

求,为此特设绩效制评估、总理府部长监督、总理亲自审查的新政府行政监督机制。

而从长远来看,马来西亚新政府也希望吸纳更多各族的优秀资源,将各族力量凝聚在一起,共同建设马来西亚。为此,新政府颁布实施了一系列促进公平、公正的政策,强调"一个马来西亚"理念,也正是为了国家发展,而非政治议程。新政府意识到唯有种族团结并且超越政治分歧,秉持社会公义,才能确保马来西亚持续和平与稳定,因此鼓励民众接受及尊重多元文化和各民族权益,不让任何人被边缘化,让每个马来西亚人都有国家归属感。

该政策革新力度之大为马来西亚历史所罕见,因此,新政府一度也受到民众拥护和肯定,在促进国家政治、经济发展和社会和谐方面也取得了一定成果。

但是,理想很丰满,现实很骨感。

"一个马来西亚"政策显然触碰了部分马来人的"奶酪"。以"新经济政策"为例,该政策乃马来西亚第二任总理拉扎克在20世纪70年代为马来人专设的"经济特权"。拉扎克正是时任马来西亚总理纳吉布的父亲,儿子极力推动取消老子制定的政策,这不仅有"叛祖"之嫌,也触动了马来人的生存根基,自然招致巫统党内保守势力的极力抵制。巫统保守派不但动辄就借各种"事件"抨击政府,还时不时地发表民族主义色彩极强的言论干扰新政府。实际上,不仅是保守派抵制这一政策,就连新政府内部也有矛盾,个别政客甚至也发表与"一个马来西亚"背道而驰的种族性言论。马来人对于执政者提出的民族融合的倡议极为敏感并极力抗议,甚至出现数个马来团体共同提出,要求举行"马来人前途全国大会",讨论如何加强马来人的政治力量。

一方面是"一个马来西亚"政策遭到马来人的抗议，另一方面是该政策本身也遭到非马来人诟病，政策鼓励的公正与平等基本局限在经济领域，很少触及政治、文化等领域，说到底，还是站在经济弱势的马来人的立场。但是，马来人与华人的矛盾和冲突更主要地表现在政治和文化上的不平等，"一个马来西亚"政策在解决华人政治和文化地位的不平等上乏善可陈。尽管新政府对华文教育的态度有所改善，不仅在国民小学开设华文科目，还提出"华文小学都是先辈传承下来的，华人要拥有属于自己的学校，我们不能从中夺走，因为这是不切实际的"，但华文小学的处境依然窘迫。马来西亚华校教师会总会（教总）在《2009 年华小课题回顾》报告中指出，过去一年华文小学发展每况愈下，证明国家单一化的教育政策一直没有改变，非马来语教育的发展依然不受政府重视。

所以，新政府虽有一改前朝的想法和勇气，但终究落了个里外不是的境遇，而这种"种族政治"的本质早被老政治家马哈蒂尔①道破——宗教、语言等问题在马来西亚向来都是"十分敏感"的政治问题。统治者在处理类似"突发事件"和"文化纠纷"时不可避免地会利用强大的政治力量来维护马来人的"特权"。这是马来西亚的国情使然，也是"一个马来西亚"政策的尴尬，非一人一时可以改变。

而"马来人优先"，可以追溯到更早的时期。

早在马来亚联盟成立之时，英国殖民者并未赋予马来人统治地位，但当时马来人自认为是原住民，又有苏丹统治的传统和历史，所以有一种政治优越感。然而马来人在经济上处于弱

---

① 马哈蒂尔（1925—   ），全名为敦·马哈蒂尔·宾·穆罕默德，出任过巫统主席，在 1981—2003 年出任马来西亚总理，2018 年再次出任马来西亚总理，是一名颇具争议性的政治领袖。

势,而华人的经济优势明显,如今又有合法的公民权,马来人担心被华人统治,故不断向英国人抗议。英国人为了平衡内部关系,顺应了马来人的要求,在1948年2月将"马来亚联盟"改组,成立"马来亚联合邦",并将政策向马来人倾斜。

为了获得马来封建贵族的支持,英国殖民政府与马来各邦苏丹签署协定,除英国殖民者设立的各级立法会议和派出驻扎官之外,各马来土邦苏丹可以保留自己的宫廷机构,并具有辖区的自主权。英国殖民政府承认马来人是当地主人,承认和维护马来人在政治、经济和文化等方面的特权。在政治上,主要由马来人担任政府各级公务员;在经济上,规定非马来人不得占领马来人的保留地;在文化教育上,则增建大量马来学校。英国殖民政府还通过各种舆论工具宣传马来人优先的观念。这些做法安抚了马来人的情绪,也使得马来人想当然地将"马来人是马来西亚的主人"纳为事实。然而居心叵测的英国人让马来人从事农业、渔业等传统行业,使其长期停滞在自给自足的自然经济状态。

对于华人,英国殖民政府则从经济上加以扶持,设立甲必丹制度,由华人领袖担任甲必丹,管理华人事务,之后又正式成立华民护卫司署,专门负责华人事务,同时让华人当矿工、小业主及中间商,在中下层工商业中自由发展,进一步提升了华人的商业地位,拉开了其与马来人在经济上的差距。

对于印度人,因为其人口比例相对较小,英国殖民政府主要通过移民机构,将其划归在橡胶园担任胶工,为英国橡胶园主创造和积累更多财富。

英国人推行"分而治之""马来人优先"政策背后的狼子野心昭然若揭,尽管不同族群先后发起了抗议斗争,但主要矛头并没有对准英帝国主义。所以,直到太平洋战争爆发前夕,英国在马来亚的殖民统治基本上是比较稳定的,但这样的做法为种族歧视和各族群相互排斥埋下了祸根。

如果说英国殖民政府采用的是"分果果"的策略,通过将各族群人隔离,避免产生冲突,从而达到统治目的的话,那么随后而来的日本军政府则主要使用的是离间之计。日本军政府宣布承认马来亚各州苏丹的特殊地位,招募马来人为各级官员和警察,成立各种马来人的宗教组织,这更坚定了马来人的优越感。另外,日本军政府同时也积极推动印度人的反英民族主义运动,释放被俘虏的印度军人,倡导建立印度独立联盟、印度民族军和自由印度政府。日本军政府唯独把华人看作敌人,不仅横征暴敛、血腥镇压,而且故意挑拨马华两大民族的关系,令马来人对华人的经济成就产生强烈的心理不平衡,甚至专门用以马来人为主的警察部队镇压以华侨为主的抗日部队,引发马来西亚内部混乱,而这也为战后民族矛盾的激化埋下了隐患。日军的暴行激发了马来亚共产党的斗志,也加快了日军溃败的速度。战后,卷土重来的英国殖民者再次戴上虚伪面具,推行"马来人优先"政策,限制和排斥外来民族,利用宗教信仰,阻碍两大民族的交流和融合。

无论用什么伎俩,都是殖民政府意图通过损害华人的利益,来获得人口比例较大的马来人的政治妥协。"马来人优先"一方面成为殖民政府与以马来人为主的巫统进行谈判的政治砝码,另一方面也是巫统能赢得民众倾力支持,并长期占据马来西亚政坛老大地位的重要原因。为了保持这种多民族相互制约的平衡,殖民政府也会试图通过一些方法来调节天平的砝码,如1949年成立的马华公会,就是典型的拉拢华人的政策,以此来寻求马华两族关系的黄金支点。

随着马来西亚的独立和国家的成立,马来西亚政治不再被殖民政府所控制,但殖民遗产以及族群发展始终存在的差异,皆给国家和谐稳定带来种种影响,也正因为如此,形成了马来西亚独有的政治体制。

马来西亚政党制度属于非典型化的多党制,它实行的是以巫统为核心,由马华公会、印度人国大党等其他族群政党共同组成的政党联盟执政制。在马来西亚,反对党可长期合法存在,并具有与执政党公平竞选的地位。

马来西亚在国家管理上的半民主、半权威的政治体制带来的自我纠错和动态平衡,使这个国家基本保持了经济快速发展与社会和谐稳定。当然,这离不开马来西亚政治精英们的努力,自马来西亚国父东姑·拉赫曼担任首任总理后,一代又一代国家管理者前仆后继,既传承着背后家族的荣耀,又创造着属于自己名字的辉煌。马来西亚历任执政者皆为识时务者,他们一方面依赖政治权力维护马来精英的利益,另一方面也正视族际间的平衡制约力量,从而使得执政联盟内部保持相对的稳定和平衡。他们执行中庸温和的政策,对稳定马来西亚的政局、减少负面影响发挥了巨大作用,最终构建出马来西亚国家内部的生存共同体。

作为马来西亚的两大族群,马华关系问题始终是国家治理的政治焦点。在外交上,友好是中马关系的强劲音符。几乎每一届内阁总理和主要部长,在任职期间都会高频率访华,并在公开场合表示中国和马来西亚是"真朋友"和"战略伙伴",甚至会用汉语"称兄道弟"。中马两国领导人的共同努力使得中马关系进入历史最好时期,尤其是两国关系自 2013 年提升为全面战略伙伴关系以来,在教育、贸易、投资、旅游、防务和安全等多个领域的合作取得了长足发展。

令西方国家眼红的是,2016 年马来西亚向中国购买了 4 艘军舰。这是马来西亚首次向中国购买军事装备,是两国军事领域合作的新里程碑。此外,马来西亚还承诺将通过双边协商来解决南海问题,多次重申反对将南海问题国际化的立场,不希望域外势力介入南海问题。对此,中国外交部表示,双边防务合作对中马关系意义重大,反映了两国之间高度的政治互信。

2017 年 5 月马来西亚总理访华期间,两国签署了 9 项合作协议,涵盖了建筑、农业、经贸、基建等领域,总额达到 313 亿林吉特。除了柔佛的机器人未来城,砂拉越也从中获益,与中资携手建设甲醇提炼中心,沙巴则将有一个价值 1.3258 亿美元的 The Shore 发展计划。亚航成为首个在中国取得营运执照的外国航空公司,这项价值 1 亿美元的计划将让马来西亚其他公司获得更好的发展机会。① 中国政府会继续支持中企去马来西亚投资。马来西亚将在连接欧亚大陆的"一带一路"倡议中获益,通过繁荣共享及双赢精神,马来西亚和其他国家都能在"一带一路"倡议下发挥潜能。马来西亚是率先支持共建"一带一路"倡议的国家之一,也是早期受益的国家之一。回望过去,马来西亚的族际关系是长期历史发展的产物,自然无法以一人一时之力而改变。随着国际形势的变化,越来越多马来西亚政治精英会以国家向好为目标而不懈努力,马来西亚也将迈入多元开放的新纪元。

---

① 《深化合作 马总理纳吉布访华 4 大成果》,http://finance.sina.com.cn/2011/2017-05-22-doc-ifyfkqwea572836.shtml。

老大哥的命运共同体

　　执政兴国,内外皆有道。马来西亚政府对内致力于"一个马来西亚"的政治使命,对外又将以怎样的姿态屹立于世界之林呢?其实答案很简单,"轻霜冻死单根草,狂风难毁万木林",无论大国小国,在风起云涌的国际局势中均需建立一个国家命运共同体。

　　一个国际组织,不仅可为成员国展开各种层次的对话与合作提供场所,有效促进国际社会整体的经济发展,还能在相当大的程度上调停和解决国际政治和经济争端,维护国际和平。东盟(ASEAN)便是东南亚国家同呼吸共命运的联盟组织。

东盟盟徽①

---

　　①　图片网址 https://baike.baidu.com/item/东南正国家联盟盟徽/57113110? tr=aladdin。

1961 年 7 月 31 日,马来西亚、菲律宾和泰国在曼谷成立了东南亚联盟,这便是东盟的前身,而马来西亚自然也就成为东盟当之无愧的创始国之一。

最初东盟国家 GDP 总和仅为 200 亿美元,占全球经济比重为 3.3%,经过 50 多年的跨越式发展,截至 2019 年底东盟国家 GDP 总额达 3.17 万亿美元[①],占全球经济比重已翻了一番。截至 2020 年,中国已连续 11 年成为东盟最大商品出口国、连续 10 年成为东盟最大商品进口国。2020 年,东盟超越欧盟和美国,首次成为中国第一大货物贸易伙伴,成为世界第五大、亚洲第三大经济体。成立 50 多年的东盟在世界国际组织中终于崭露头角。尽管与拥有 27 个成员国的欧盟比起来,东盟依然比较弱小,但已令人不敢小觑。

2017 年,东盟成立 50 周年。下面粗略勾勒一条时间线来回顾一下这段发展历程。

1967 年 8 月 8 日,马来西亚、菲律宾、泰国、新加坡和印度尼西亚等 5 个国家在曼谷举行会议,并发表了《东南亚国家联盟成立宣言》(即《曼谷宣言》),正式宣告东盟成立。东盟各国本着平等与合作精神,共同促进本地区的经济增长、社会进步和文化发展,建立一个繁荣、和平的东南亚国家共同体,以促进本地区的和平与稳定。东盟的成立初心只是捍卫自己的安全利益及与西方保持战略关系,其活动仅限于经济、文化等方面的合作。

9 年后,第一次东盟首脑会议(1976 年 2 月)在印尼巴厘岛举行。此次会议签署了《东南亚友好合作条约》以及强调东盟

---

① 数据来源于中国商务部驻东盟使团经济商务处发布的《〈东盟经济共同体蓝图 2025〉中期评估报告》,http://asean. mofcom. gov. cn/article/jmxw/202105/20210503059807. shtml。

各国协调一致的《巴厘宣言》。此次会议令东盟组织的合作延伸到了政治和军事等领域,并采取了切实可行的经济发展战略,推动成员国经济迅速增长,这为东盟逐步成为一个有一定影响的区域性组织奠定了坚实基础。

1984—1999年是东盟十国集团形成并快速发展的15年,其间文莱、越南、缅甸、老挝和柬埔寨相继加入东盟,使得这一组织涵盖整个东南亚地区,形成了人口超过6.61亿、面积达443.56万平方千米的庞大集团,对各成员国的政治、经济以及文化等发展都发挥了重要的作用。

2003年,第9次东盟首脑会议在印尼巴厘岛举行,会议发布《东盟协调一致第二宣言》(亦称《第二巴厘宣言》),并做出"要建成东盟共同体"的重大决定。为实现这一目标,东盟连发数份协议,2004年11月举行的东盟首脑会议通过了为期6年的《万象行动计划》,签署并发表了《东盟一体化建设重点领域框架协议》《东盟安全共同体行动计划》等,并开始启动《东盟宪章》的起草计划,为东盟共同体建设寻求法律保障。

2007年1月,第12次东盟首脑会议通过了《东亚能源安全宿务宣言》,决定将东盟共同体建设提前至2015年完成。《东盟宪章》于同年11月获得通过,2008年12月正式生效。这份长达31页的文本充分体现了东盟特色和东方智慧,明确了东盟共同体(东盟经济共同体、东盟安全共同体和东盟社会文化共同体)的历史使命。建成后的东盟共同体将使东盟具有一个目标、一个身份和一个声音,共同应对未来的挑战。新加坡总理李显龙在接受媒体采访时表示,《东盟宪章》的签署表明了东盟领导人继续快速推进东盟实现其战略目标的政治愿望和信心。

2007年8月8日恰逢东盟成立40周年,东盟十国外长一致同意将每年的这一天定为"东盟日"。

2009年2月，第14次东盟首脑会议通过了《东盟共同体2009—2015路线图宣言》及相关文件，提出2015年建成东盟共同体的战略构想，并明确了具体目标和行动计划，而2015年适逢马来西亚担任东盟轮值主席国①。

为了实现这一目标，东盟首脑会议先后通过了《东盟互联互通总体规划》《主席声明》《金边宣言》《金边议程》等一系列重要成果文件，东盟领导人决定将建立东盟共同体的最后期限定于2015年12月31日，并制定了2015年建成东盟共同体必须采取的具体措施和步骤，同时提出在2015年后实现"以人为本"的东盟长远目标。

2015年1月1日，马来西亚正式接任东盟轮值主席国，建成东盟共同体及制定2015年后东盟共同体愿景成为马来西亚肩负的重大使命。

然而，这一年并非太平之年。在政治方面，新加坡的建国总理李光耀去世，缅甸、新加坡等国举行大选，马来西亚政坛动荡不安，内阁重组，民众对国家的信心开始动摇。在经济方面，由于世界经济整体复苏乏力，中国经济进入中高速增长，东亚经济增长在继续领跑的同时，也面临着较大下行压力和经济结构调整压力，美联储的加息预期让东南亚一些国家的金融市场出现波动，马来西亚货币出现了大幅度贬值。

内忧外患的马来西亚，终究经受住了考验，世人瞩目的一刻如期而至。2015年12月31日，马来西亚外长阿尼法在吉隆

---

①　轮值主席国由东盟十国轮流担任，任期一年，轮值顺序由成员国按国名英文首字母顺序确定。从2013—2022年的周期来看分别是文莱（2013）、缅甸（2014）、马来西亚（2015）、老挝（2016）、菲律宾（2017）、新加坡（2018）、泰国（2019）、越南（2020）、印尼（2021）、柬埔寨（2022）。

坡发布声明:东盟共同体正式成立。[①]

马来西亚终于将轮值主席国的接力棒平稳交给下一任成员国老挝。用一位亚洲研究学者的话来说:"马来西亚作为东盟轮值主席国,发挥了作为一个传统大国和老东盟国家相当重要的作用。"东盟将此里程碑式事件提前至 2015 年,或有对国际环境和东盟发展的各种权衡,也体现了东盟一致认可马来西亚堪当大任的战略深意。

从东盟发起国到东盟共同体的成立,马来西亚始终不负众望。而它此次担任轮值主席国,也充分发挥了这一制度对实现利益高度融合,避免诸国纷争从而形成务实高效运转模式的积极作用。

结果已无悬念,但依然要看看其奋斗过程。2015 年,东盟峰会的主题为"我们的人民,我们的共同体,我们的愿景"。这个主题非常吻合马来西亚温和友好的国家形象,其在加强东盟国家间的政治经济合作和民众之间的交流往来上,发挥着重要作用。

举办峰会,不仅是为了让东盟成员国共商发展大计,也是举办国展示国家形象、提升国际地位的良机。2015 年 1 月 27—28 日,马来西亚在沙巴州哥打基纳巴卢举办东盟外长非正式会议,这是马来西亚担任东盟轮值主席国以来举行的首次高级别会议。3 月,首届东盟财长和央行行长会议在吉隆坡举行,讨论东盟如何全力协助设立由中国倡导的亚洲基础设施投资银行(简称"亚投行");4 月,第 26 届东盟峰会在吉隆坡召开,重点讨论如何加强内联外合、缩小发展差距、推动东盟一体化进

---

① 《马来西亚外长说东盟共同体正式成立》,http://www.xinhuanet.com/world/2015-12/31/c_128583408.htm? rsv_upd=1。

程;8 月,东盟系列外长会议和第 47 届东盟经济部长系列会议在吉隆坡开幕,马来西亚在东盟经济部长系列会议上鼓励东盟成员国更广泛地使用人民币,并以人民币作为结算货币;11 月 5 日,第 14 次中国—东盟交通部长会议在吉隆坡召开;11 月 20—23 日,第 27 届东盟峰会及相关峰会,包括中国—东盟领导人会议、东盟与中日韩领导人会议和东亚峰会(包括澳大利亚、中国、印度、日本、新西兰、韩国、俄罗斯和美国)在吉隆坡举办。而压轴大戏,就是在 2015 年 12 月 31 日东盟共同体成立日,东盟领导人签署了《关于建立东盟共同体的 2015 吉隆坡宣言》,同时通过了愿景文件《东盟 2025:携手前行》,为未来 10 年的发展指明方向。如此密集的国际会议,使马来西亚与东盟频繁出现在各国主流媒体的新闻报道中。

峰会召开主要是战略谋划,要落到实地,还需要具体的措施来实现。为此,马来西亚提出了很多细化的倡议乃至相应政策。比如从 2014 年 12 月起,马来西亚吉隆坡国际机场出入境口岸新设一条东盟专用通道,来自东盟成员国的游客可以享受作为“东盟公民”的特殊待遇,快速通关,这相当于将国门变成家门,为东盟发展创造了绿色通道。

马来西亚在担任轮值主席国期间的另一重大贡献,就是拉近了中国与东盟的关系。2015 年 12 月 25 日,亚洲基础设施投资银行在北京正式成立,此举对加强东盟地区的基础设施建设意义重大。作为首批意向成员国之一,马来西亚功不可没。这不仅是对中国提出的“21 世纪海上丝绸之路”的积极回应,而且对中马长期合作具有战略意义。

马来西亚是古代海上丝绸之路上的重要国家,也是最早响应“一带一路”倡议的沿线国家,更是共建“一带一路”早期获益最多的国家之一,因而马来西亚非常坚信东盟与中国保持良好的合作关系,必将有利于地区的稳定与发展,尤其是在全球经济受到不确定因素影响的情况下,东盟和中国是为数不多的经济增长支柱。与此同时,马来西亚支持中国所提出的打造中国—东盟关系的"钻石十年",并致力于维持一个健康的中国—东盟关系。显而易见,马来西亚对中国与东盟的关系判断,是极具战略眼光和世界智慧的,也体现出一个传统大国和东盟开创国的大哥姿态。

黄惠康大使(第一排左三)出席"和平友谊—2015"中马实兵联合演习闭幕仪式

　　大道不孤,天下一家。在马来西亚的牵线搭桥下,中国与东盟的关系取得了积极进展,政治、经贸、军事等各领域的务实合作成果丰硕:中越最高领导人自两国建交65年以来首次实现年内互访;缅甸国务资政昂山素季访华;习近平主席赴马尼拉出席APEC会议;中马首次在马六甲海峡进行实兵联演,这也是中国迄今与东盟国家举行的规模最大的双边联合军事演习;中国与印尼、老挝和泰国等多国的铁路合作取得重大进展;中国—东盟自贸区升级如期完成;首次中国—东盟执法安全合作部长级对话、澜沧江—湄公河合作等重大会议在中国召开;

老挝第一颗卫星"老挝一号"在中国西昌卫星发射中心成功发射升空;新冠肺炎疫情后,马来西亚是首个同中方签署政府间新冠疫苗合作协议和达成疫苗接种互惠安排的国家……2017年5月13日,习近平主席在人民大会堂会见来华出席"一带一路"国际合作高峰论坛的马来西亚总理纳吉布时指出:"中马两国是隔海相望的近邻,更是相互信赖、相互尊重、合作共赢的好朋友、好伙伴。当前,中马关系处于历史最好时期。中方愿同马方规划好两国关系发展蓝图,推动中马全面战略伙伴关系取得更加丰硕的成果。"2019年,中国和马来西亚建交45年之际,习近平主席会见马来西亚总理马哈蒂尔时再次肯定"中马共建'一带一路'基础扎实,前景可期"。作为"21世纪海上丝绸之路"的第一站,东盟势必成为中国企业走向国际化的前沿阵地。2020年11月27日,习近平主席在广西召开的第17届中国—东盟博览会和中国—东盟商务与投资峰会开幕式上致辞,重申并发展了"携手建设更为紧密的中国—东盟命运共同体"这一富有战略远见与大国担当的倡议,为中国—东盟关系发展指明方向,有助于双方加速推进区域经济一体化进程,共创更加繁荣美好的未来。

回望建国60余载,作为一个中等发达国家,马来西亚在实践探索中逐渐形成了自己的外交格局,在变幻莫测的国际形势中最大限度地捍卫国家利益和维护国家声誉。

作为东盟的创始成员国之一,马来西亚一直视东盟为依托。东盟为马来西亚的发展提供了相对稳定的外部环境,成员国之间以"盟规"为约束,尽可能通过对话、磋商、谈判的方式解决争端;与此同时,面对国际政治中制定国际主流议程方面的话语劣势,东盟各国以合纵之势,形成足以和大国抗衡的政治平台,为各成员国在世界舞台发声。

"向东看"这一战略主要实施于马来西亚"现代化之父"——马哈蒂尔执政期,即学习日本和韩国的经济发展模式和理念,以进口替代和出口导向改造国民经济结构,建立自身的经济支柱。这一战略选择使得马来西亚版的"亚洲奇迹"得以上演:马来西亚迅速实现了国民经济的工业化,建立起较为完善的经济结构和经济运作机制,国家经济状况的改善使马来西亚成为继新加坡、文莱之后的第三个高人类发展指数的东南亚国家。日本长期为马来西亚提供资金和技术方面的支持,同时也是马来西亚的主要外国直接投资(FDI)来源国之一。1998年亚洲金融危机之后,日本的经济援助也是推动马来西亚经济恢复的重要原因之一。韩国是"亚洲四小龙"之一,在"向东看"政策导向下,马来西亚积极拓展与韩国的关系,并鼓励民众向韩国学习,同时马来西亚也是韩国对东盟贸易投资的重要对象国。

在对华关系上,马来西亚体现出过人的外交智慧。马来西亚与中国已建立全面战略伙伴关系,马中交流日益频繁,两国政治互信不断加强,经贸往来迅速扩大,合作领域不断拓宽。事实上,早在20世纪90年代,中马关系的发展就呈现出被马媒体称为"蜜月期"的良好势头,中马建交40周年后,更是从"黄金十年"向"钻石十年"进阶。中国海关2020年的数据显示,东盟取代欧盟成为中国第一大贸易伙伴,进出口总额达到了4.74万亿人民币。2021年4月,中国国务委员兼外交部长王毅与马来西亚外交部长希沙姆丁在福建南平举行会谈。结束发言时,希沙姆丁用普通话对王毅外长说"你永远是我的大哥",王毅笑答"我们是兄弟"。这视频被网媒疯传,这组国际兄弟搭档圈粉无数,成为中马全面战略伙伴关系的生动写照。

平衡与英美等西方大国的关系,是东南亚国家外交政策的核心。作为马来西亚的原宗主国,英国一直都和马来西亚保持着千丝万缕的联系,在马来西亚外交中处于相对特殊的地位。在马来西亚独立初期,其防务较大程度上依赖于英国,同时,英国还是马来西亚早期的主要外资来源和外贸对象,因此两国一直保持着亲密的关系。随着国际形势的变化、东亚国家重要性的不断上升,马英关系开始若即若离。建国初期,马美关系是马来西亚外交的重要方面,尤其是在经贸和军事安全方面。然而进入马哈蒂尔执政时期,两国的纠纷日渐增多,"敢怒敢言"的马哈蒂尔对美国干涉他国内政的做法进行批评,令世界对这位政坛奇人刮目相看。这些纠纷使得马美关系陷入长期的猜忌境地,而 1998 年亚洲金融危机的爆发,更是加剧了两国之间的紧张关系。马哈蒂尔和其他大马政要甚至多次指出,东盟经济原本发展良好,金融危机的爆发完全是由于国际上非建设性金融投机商的肆意炒作,是西方国家对东南亚经济繁荣的蓄意破坏。在后续的国际问题中,马来西亚已毫不掩饰地表现出对西方的不信任感。随着时间的推移,马美关系得到了一定程度的修复和改善。可以看出,马来西亚在对美政策中努力降低马美关系中的地缘战略意义,积极推进与美国的经济合作,而尽量避免对美国在政治上的指责与批评。

作为一个温和的伊斯兰国家,马来西亚理所当然地充当着西方与伊斯兰世界的桥梁,积极致力于推动中东和平进程。第二次海湾战争之后,在伊拉克战后重建的过程中,马来西亚多次主张应尊重伊拉克人民意愿,尊重伊拉克主权独立与领土完整。在巴以冲突问题上,马来西亚支持建立巴勒斯坦国,但同时反对使用武力,主张通过和平对话的方式解决问题。此外,马来西亚反对将伊斯兰文化同恐怖主义、极端主义画上等号。在经济层面,马来西亚于 20 世纪 80 年代开始涉足经营伊斯兰银行和保险业,并呈现良好的发展势头。同时,马来西亚还利用伊斯兰国的身份,致力于将自身打造成为一个"伊斯兰工业园",专注于伊斯兰教会所规定的产品生产和服务提供。① 2006年9月,马来西亚政府一手操办,成立了清真工业发展公司(HDC),以此协调国内清真工业的发展全局。对伊斯兰纽带的重视和利用,某种程度上显示了马来西亚由"向东看"开始转向"向中东看"。当前马来西亚的伊斯兰事业方兴未艾,可以预见在对中东国家的投资和贸易上,马来西亚将大显身手。

由此可见,实用主义始终贯彻于马来西亚外交政策。不得不说,马来西亚在外交关系的处理上可谓是左右逢源、八面玲珑,也正是这样多位一体的外交格局,助力马来西亚以及东盟共同体在世界舞台上能表达自己的利益诉求。

2020年,新冠肺炎疫情全面检测了各国的国家与社会治理水平。作为东盟的创始成员国之一,马来西亚有责任也有能力携手其他国家,在"东盟基石"原则基础上拿出积极姿态与智慧来参与东盟共同体的未来建设。

新冠病毒席卷后的国际形势云谲波诡、暗潮涌动,大国关系异常复杂,马来西亚的外交走向何去何从,东盟共同体的发展又会如何风云变幻,世人翘首以待!

---

① 唐翀:《马来西亚:中等国家的外交雄心》,http://my. xinhuanet. com/2015-07/02/c_127975801.htm。

东南亚"教育黑马"

如果你对马来西亚感兴趣,关注马来西亚的新闻,那对这些名字就一定不会感到陌生。

马来西亚国父东姑·阿卜杜勒·拉赫曼,第一任总理,毕业于英国剑桥大学。

马来西亚现代化之父敦·马哈蒂尔·宾·穆罕默德,第四任和第七任总理,毕业于马来亚大学。

敦·拿督·斯里·阿卜杜拉·艾哈迈德·巴达维,第五任总理,毕业于马来亚大学。

达图·斯里·穆罕默德·纳吉布·宾·敦·阿卜杜尔·拉扎克,第六任总理,毕业于英国诺丁汉大学。

达图·斯里·安瓦乐·宾·易卜拉欣,第七任副总理,毕业于马来亚大学。

丹斯里·马希亚丁·亚辛,第八任总理,毕业于马来亚大学。

他们是马来西亚历届政府统治者,是国家精英,也是马来西亚教育发展的代言人。

全球教育机构 educations. com 基于对全球国际学生的调研,通过 7 个指标分析,每年发布全球最佳留学目的地排行榜。2022 年,马来西亚在亚洲的排名继续保持在第 4(2020 年为第

6位,2021年为第4位),世界排名从2018年的第39名上升至第26名。有超过13万国际学生在马来西亚留学,其中中国留学生占比攀升至29.4％。①

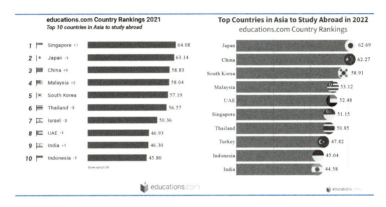

全球最佳留学目的地排行榜（亚洲地区）②

2021年QS世界大学排名数据中,马来西亚共有8所大学(公立5所,私立3所)入选世界大学500强③。当谈及精英教育,我们总齐刷刷看向欧洲发达国家,忽略了近年来亚洲诸多国家也已驶入了国际化精英教育的快车道。

---

①　排名参见educations网站,https://www.educations.com/top-10-lists/top-10-places-to-study-abroad-global-18096。留学生人数参见马来西亚高等教育部官网,https://www.mohe.gov.my/en/downloads/statistics/2021-1/857-statistik-pendidikan-tinggi-2021/file。

②　图片来源于Educations Media Group(EMG)教育媒体集团官网,后面的数值为评分。

③　"QS世界大学排名"(QS World University Rankings)为英国一家私人公司Quacquarelli Symonds发布的年度大学排行榜。QS世界大学排名与泰晤士高等教育世界大学排名、U.S. News世界大学排名和软科世界大学学术排名被公认为四大较为权威的世界大学排名,于每年夏季发布最新排名。

目前马来西亚有 135 万人受过正规的高等教育,教育水平名列亚洲前列,在东南亚的排名仅次于新加坡,是名副其实的东南亚"教育黑马"。

马来西亚的教育发展历史伴随着国家历史的演进,大致可以划分为殖民前时期、殖民时期以及独立后时期等三个阶段。

殖民前时期主要发展宗教教育,使用马来语授课,这一阶段推动了伊斯兰教育系统化发展。最初这一教育形式还不是非常正规,主要以宗教场所的传教为主。至 19 世纪,马来子弟从幼龄就开始接受伊斯兰教育,《古兰经》成为孩子们必背的经典。专业的宗教学校也逐渐形成,并开设阿拉伯语、加威文、语法学、宗教解释学等课程,这些学校为马来西亚伊斯兰教学校的创立奠定了基础。历届总理中像马哈蒂尔就曾就读于阿卜杜勒·哈米德苏丹学院,巴达维也曾在其父创办的武吉参丹伊斯兰教中学接受教育。如今,马来西亚国际伊斯兰教大学成立已近 30 年,这所学校由马来西亚主办、多个国家协办,共同致力于为伊斯兰国家培养高级人才。

19 世纪,马来西亚进入殖民时期,在英国殖民者分而治之的政策下,由马来学校、华裔学校、印度泰米尔学校和英语学校等各类教育机构构成的世俗教育体制得到自由发展。这一阶段的教育方向主要是满足英国统治需要,故马来学校和泰米尔学校基本以初等教育为主,开设的也多是算术、写字等扫盲课程,以及为劳动生产服务的实用技能课程,马来人和印度人在接受教育后回归住地进行生产劳动。部分马来人还因宗教信仰问题,并未接受马来学校教育,直至教育方案调整,增设了伊斯兰教育及《古兰经》学习等内容,这一状况才得以改善。英语学校则主要由基督教传教士建立,教育体系比较完善,覆盖基础教育和高等教育,甚至已经出现了维多利亚学院、圣约翰学院这样的高级学府。因此与其他几类学校相比,英语学校拥有更高的地位,凡从英语学校毕业者,社会地位普遍较高。然而这些英语学校由于并没有得到英国政府在财政上的完全支持,需靠捐赠和学费来支撑,故学费普遍较高,唯有家庭经济条件比较优越的学生才有此学习机会。华文学校的发展一直受到政府的管控,虽然第一所华文学校由伦敦传教士在马六甲创立,但并未得到政府支持,主要由学校自主经营,幸得中国政府支持,才基本保证了华人移民从小学到中学共 12 年(6+3+3)学制的学习。其办学规模在华人不断努力下最高甚至达到 50 万人,不仅开设算术、汉语等基础课程,还设置了中国古典文学、历史等课程,连教材也是从中国引进的(如今华文学校使用的是浙江教育出版社的整套教材),海峡两岸的中华儿女传承着相同的中华文化。

纵观这一历史时期英属殖民统治下的不同语言教育,由于人员、地区、教育内容同时割裂,导致了马来西亚内部种族歧视问题的产生,加上英国殖民教育进一步扩大了精英教育和普通教育之间的差别,加速了阶级分化过程,种族间的经济矛盾也因为教育分化而愈演愈烈,为未来马华两族的矛盾关系埋下了隐患。

独立后马来西亚教育发展迅速,政府设立并不断完善国家级教育管理部门,保证了教育支出的比例。马来西亚政府采取了一系列措施,以应对多民族区域经济、教育发展不均衡问题。高等教育需求因此扩大,伴随高校扩张而来的是招生规模的扩大。

随着大学入学需求激增,学校有限的学位已无法满足现实需要,马来西亚政府开始派遣学生出国留学。马来西亚受殖民统治西方长达 300 多年,在教育上也持续受到以英国为代表的西方文明的影响。特别是在语言文化上,英语已渗透至马来西亚整个教育体系中,并成为马来西亚加速参与全球化进程的一个有效支点。早期马来西亚政治精英及社会贵族以进入英国高校为荣,并汲取了很多西方文明智慧和先进经验,这些知识的浸润不仅为他们展现政治才华奠定了基础,也影响了马来西亚的发展。从教育发展角度来看,英国教育体系在一定程度上给马来西亚高等教育国际化打开了一扇窗。如今依然有很多马来西亚本土学校与英国高校保持着长期的办学合作,像英国诺丁汉大学、南安普敦大学、郝瑞瓦特大学在马来西亚均有国际分校。

"走出去"的政策虽然缓解了学生入学问题,却意外地造成了马来西亚人才流失、外汇损失等更为严重的问题。教育体系中接踵而至的问题,迫使政府重组高校教育体系,寻求生源回归,并把教育资源"引进来"。

政府开始下放权力,原本由政府垂直管理的教育,改由多方共同监管。一方面,由大学收回一定自主权,另一方面,进一步拉近教育供求之间的差距,企业、协会等第三方也获得机会参与到教育体系中。政府授权企业办学,私立高等教育机构就读人数持续增长,甚至一度超过公立大学就读人数。

在结束了漫长的英国殖民统治后,马来西亚开始了独立发展教育的时期。高校自治的种种弊端逐渐暴露,政府被迫进行干预,通过立法强制学校规范建校、办校,政府委派官员进入学校理事会,将整个高等教育体系纳入政府监管范围。物极必反,官学共同管理的模式虽一定程度上完善了教育管理体制和行为规范,引导教育和社会发展步调一致,但也出现了人员冗余、人浮于事、效率低下等一系列问题。为实现"2020 年成为发达国家"这一目标,政府又开始放松对高校的监管,私立高校如雨后春笋般涌现,部分公立高校师资开始流向私立高校,这种竞争环境倒逼公立高校开启企业化改革。为了扩大学校资金来源,政府授权公立高校开办企业,由副校长管理一切商业投资活动,将收益所得用于支持公立高校发展,如科研经费、继续教育等。教育大兴改革也引起了国内教育专家的担忧,担心高校办学目的、教学质量控制以及人才培养导向等会走向追名逐利的道路。

很显然,这样的担忧并不是毫无依据的。为了应对私立高校在发展初期阶段的野蛮式发展,如宣传失实、管理紊乱等,政府颁布了专门针对私立高校的法规——《私立高等学院法》。在法律监管下,马来西亚高等教育呈现良性竞争态势,教学质量逐渐得到更多亚洲国家甚至国际认可,也为马来西亚本土高等教育发展打开新的局面。

马来西亚的高校分为公立高校和私立高校,前者包括公立大学、公立学院和技术职业学院(理工学院)等 3 类,后者则包括私立大学、私立大学学院、私立学院和外国大学分校等 4 类。截至 2023 年 2 月,公立大学共 20 所,技术职业学院 36 所,社区学院 105 所,私立大学 434 所。马来西亚高校招收国际学生的资质均需经马来西亚教育部和内政部双重核准,除 20 所公立大学外,还有 100 多所私立机构,包括来自美国、英国、澳大利亚和爱尔兰的知名大学的外国分校。截至 2020 年 6 月,中国留学网公布的认证名单中有 98 所马来西亚学校。

为了提高马来西亚在东南亚国际教育中的中枢地位,马来西亚政府在 1996 年通过了《私立高等教育法》,这部法律允许符合条件的外国高校在马来西亚建立分校。这也是政府在引进国际优秀教育资源上的重大策略。据不完全统计,自 1998 年以来,已有澳大利亚、英国、新加坡以及中国等多个国家在马来西亚创办分校,其中包括诺丁汉大学、莫纳什大学等国际知名高校,厦门大学则是首个在当地开设分校的中国大学。

黄惠康大使(右四)出席厦门大学马来西亚分校奠基仪式

　　在历任马来西亚总理中,我们不难发现,有多位毕业于马来亚大学。当然,马来亚大学的知名校友远不止这些,还有黄家定(1999—2008 年马来西亚房屋及地方政府部部长、马来西亚华人公会第七任总会长)、王赓武(香港大学第十一任校长)等优秀华人。

　　马来亚大学(University of Malaya,简称 UM,马大)成立于 1948 年,是马来西亚国内的 No.1,作为马来西亚唯一一所环太平洋大学联盟(APRU)①成员大学,同时也是英联邦大学协会成员,多次被评为"亚洲最佳大学"。根据每年 QS 世界大学排行榜,在东南亚地区,马来亚大学排名仅次于新加坡国立大学和南洋理工大学,尤以文理学科和医学著称,在许多学科享有世界级的声誉。

这所大学从名字上就可看出是全马历史最悠久的高等学府。马来亚大学的前身是 1905 年成立的爱德华七世国王医学院和 1929 年成立的莱佛士学院。爱德华七世国王医学院是在华人和马来人强烈要求下，由英国政府利用公共资金创办的，是马来西亚历史上第一所高等学府。莱佛士学院的成立离不开莱佛士的坚持和努力，莱佛士自 1816 年占领新加坡时就提议筹办，历经 100 多年，他的愿望才得以实现，故学院为纪念莱佛士以其名命名。

1949 年 10 月 8 日，两校合并成为马来亚大学。1956 年在新加坡和吉隆坡分别设立了分校。1960 年，马来西亚联邦政府将两个校区剥离并独立建校，位于吉隆坡的校区保留了旧名，并于 1962 年 1 月 1 日正式成立；而位于新加坡的校区则更名为新加坡大学，1965 年新加坡独立后，与南洋大学合并，更名为新加坡国立大学。马来亚大学在其分分合合中见证着马来西亚和新加坡两个国家的发展历史，也成就了两所世界知名大学。

马来亚大学的成立是马来西亚开启高等教育时代的里程碑，也是马来西亚精英化教育的例证。除了马来亚大学，马来西亚理工大学、马来西亚国民大学等的最初设立也都是为了培养本国精英。随着国家发展，为了改善马来人经济和文化教育落后的现状，政府积极支持马来人接受高等教育并推出了系列举措，如马来人优先录取且保证配额、设立各类奖学金，于 1983 年实现公立院校的所有科目都采用马来语教学。截至 2021 年 1 月 31 日，马来亚大学官网公布的本、硕在校生人数已达 28573 人（其中本科生中本土学生 18112 人，国际生 1052 人；硕士生中本土学生 6633 人，国际生 2776 人），是学校创立初期在校生人数的近 30 倍,这也意味着马来西亚高等教育开始步入大众化发展阶段。

　　马来人的高等教育得到了快速发展,但是马来西亚政府对华人高等教育始终保持管控态度,既限制华文独立中学毕业生出国深造,又不承认华文独立中学考试文凭,华人要得到高等教育机会真是难之又难。为谋求华文独立中学毕业生的出路并完善华文教育体系,华校"董教总"①一直倡议创办华文独立大学,然而这一倡议遭到了当时执政党的反对,1968 年,马华公会再次提出创办拉曼学院,获得政府批准。1969 年 2 月,半官办的拉曼学院正式成立,以马来语和英语作为教学媒介,主要为华文独立中学毕业生提供深造机会。2013 年 5 月 2 日,拉曼学院正式升格为拉曼大学学院(Tunku Abdul Rahman University College),其与马来西亚另外一所大学——拉曼大学(Tunku Abdul Rahman University)经常让人傻傻分不清。拉曼大学以马来西亚第一任总理东姑·拉赫曼的名字命名,是马来西亚著名私立综合性研究型大学,是由拉曼大学教育基金会创办的一所非营利高等教育机构。根据 2021 年泰晤士高等教育世界 THE 排名官网信息,拉曼大学排名仅次于马来亚大学。两所学校除了名称相近,并无其他关系,均为独立运营的高校。若要说两者还有何区别,那就是拉曼大学学院的华人学生比例更高,虽然大学课程多以英文教学为主(中文系、中文媒体新闻系及中医学以中文为主),但在校生之间使用中文、英文或方言交谈的场景随处可见,这也形成了拉曼大学学院的一道独特风景。

―――――――――

　　① 马来西亚华校教师会总会简称"教总",马来西亚华校董事联合会总会简称"董总",分别成立于 1951 年和 1954 年,两者合称为"董教总",是马来西亚华文教育民间的最高领导机构。

虽然拉曼大学学院仅有少量专业以华语为教学媒介,未能实现当初董教总的设想,但就其建立之时国内外政治环境而言,这已经是巫统与马华公会之间政治妥协的产物,它至少满足了华人学生在本国深造的迫切需要。当然,后面在董教总坚持不懈的努力下,又先后创建了南方学院、新纪元学院和韩江学院等三所私立大学,终于实现了华人在当地享受华文高等教育的愿望。

如今,无论是拉曼大学学院,还是拉曼大学,甚至其他马来西亚高校,都在积极与中国开展学术交流和对话,拉曼大学还与中国共同建立了中国语言文化交流学院,这些都是中马战略友好合作产生的文化交流成果。

总体而言,马来西亚高等教育经历了从殖民统治到独立自主、从公立到公私并存、从本土化到国际化、从精英化到大众化、从单一到多元的开放发展之路。与欧洲历史悠久的高等学府相比,马来西亚高校虽缺乏足够时间的沉淀,但其以多民族融合的优势,在国际教育领域中寻得发展契机,成为教育领域的一匹黑马。

有了先天的国际化教育优势,马来西亚不断实践并完善的双联课程也深受全球众多精英家庭的青睐。

双联课程是马来西亚私立高等教育机构国际教育合作的创新之举,也是马来西亚政府应对外部经济环境恶化以及学生难以取得学位的双重困境而采取的积极措施。其通过本土私立院校与国际学校合作,将英、美、澳、加、新等国的知名大学的课程资源部分或全部("2+1"模式、"1+2"模式,亚洲金融风暴加剧后推出了"3+0"模式)转移至马来西亚分校或合作院校,学生在本土学习1—3年,毕业时获得由英、美、澳、加、新等国的著名大学颁发的学历文凭或学位证书,这种文凭为国际所公认。双联课程是政府应对经济危机及教育困境而采取的大胆做法,不仅降低了学生教育成本,同时也减少了国家外汇损失。在双联课程制度下,为了确保学生取得国际院校认可的有效学分,学生可以向马来西亚高等教育部学术资格机构(Malaysia Qualification Agency,MQA)直接申请学分转移认定。

另外,这些国际课程大多是围绕如何运用专业知识来解决实际问题而设置的,并为学生提供了大量实习机会,因此马来西亚院校的毕业生以素质高和实际操作能力强而著称。

近年来,随着中马两国贸易往来更加密切,马来西亚和欧美等国家对中国留学生市场的争夺越来越激烈,马来西亚政府多次表示将更加注重对中国留学生市场的培养。马来西亚政府为了进一步打开在中国的影响力,鼓励中国学生到马来西亚留学,推出了一系列针对中国留学生的优惠政策,中国赴马来西亚留学的学子成倍激增,在中国国内掀起了一股马来西亚留学的热潮。Education Malaysia Global Services 官方统计数据显示,2020、2021、2022 年,马来西亚收到的中国留学生申请分别为 8876 人、19202 人和 21943 人。

马来西亚高教部原副部长何国忠对未来中马国际教育发展颇为期待,他认为每年前往中国深造的大马留学生人数将上升至 5000 人,而前来马来西亚留学的中国留学生人数预计也能上升至 2 万人。除华裔会前往中国学习外,非华裔学子也踊跃到中国深造。

马来西亚政府对中国留学生最直接的鼓励方式,就是放宽中国留学生在马来西亚留学期间的打工政策,将留学生在校外打工的时间规定为每周 20 小时,这样更加方便中国留学生通过勤工俭学的方式来减轻自己的经济负担。

马来西亚政府吸引中国留学生的另一个方法,就是鼓励企业、院校设置面向中国留学生的专项奖学金,例如英迪国际大学、林国荣创意科技大学、英国诺丁汉大学马来分校等,都设立了专项奖学金。

除了以上两项措施,马来西亚政府还推出了"马来西亚是我第二个家"的新移民政策,放宽了外国留学生移民马来西亚的标准,让更多留学生有机会在毕业后留在马来西亚生活,以此来增加留学的吸引力。

马尤克·德万(Mayukh Dewan)博士在参与本书的编撰过程中,分享了他十余年来在马来西亚泰莱大学①的学习和工作经历,其中很丰富的一部分就是指导了多名中国旅游与酒店管理专业的硕博生。2008 年,马尤克博士从家乡印度来到马来西亚求学,他对马来西亚与法国、英国等知名高校的深度合作感触颇多,同时也切身体会到这是一个在人口统计数据和人口流动前景上非常国际化的国家。出于对这个国家的人民、食物、气候、风景、语言和这个国家所拥有的天赋的热爱,以及看好这个国家发展的积极前景,他选择留在马来西亚发展,并有幸在泰莱大学承担本土和国际教学工作。由于有充裕的中国留学生资源,虽从未来过中国,但他了解到中国经济的快速发展不仅帮助中国人民摆脱了贫困,还使中国成为拥有庞大制造业体系和充盈外汇储备的世界第二大经济体。他坚信在不久的将来中国会在经济总量、太空探索、人均收入、生活水平和制造业等各个方面成为全球领导者之一。

---

① 马来西亚泰莱大学 2023 年 QS 世界大学排名 284。这一排名在全球大学中排在前 1.1%,在所有亚洲大学中排在第 49 位。泰莱大学的酒店与休闲管理学科 QS 排名世界第 16 位(2022 年 6 月),该校也属于中国教育部认可的马来西亚私立大学。

泰莱大学师生赴悉尼进行实践教学（右二为马尤克博士）

马尤克博士还说,中国留学生认真学习的态度使他深受感染,这种积极态度促使他进一步开展针对中国留学生的教学研究。2020年新冠肺炎疫情暴发,他所指导的在职硕士生中有一名来自中国酒店行业。该学生在克服疫情带来的工作焦虑和在线学习的各种困难后,始终坚持论文写作,并在有困难的时候主动与他联系。过去的这一年时间里,该学生在语言水平、写作技能、在线研究技能、阅读和分析能力等方面大有提高,并不断接受新的挑战。他非常赞赏这位学生的治学态度,并衷心祝贺她顺利拿到了泰莱大学和法国图卢兹大学合作项目的硕士学位。在教学相长的日子里,马来西亚高校教育者与中国留学生之间每一天都在发生着不同的故事,他们也共同见证着马来西亚国际化教育不断蓬勃发展。

马来西亚作为古代海上丝绸之路的重要国家,也是最早响应"一带一路"倡议的战略伙伴,其以全英文教育体系、多元融合的文化背景、高性价比的留学费用备受中国学生青睐,留学人数逐年上升。随着"一带一路"倡议的不断推进,中国与马来西亚在人才培养与教育交流等领域的合作愈加紧密,越来越多的中国学生选择到马来西亚学习深造。马来西亚国际教育之路,未来可期。

　　(本书作者李娜获得中国国家留学基金资助赴马来西亚访学,并与马尤克博士在"一带一路"国际教育研究上开展深度合作,本书为合作成果之一)

砥砺前行中的华文教育

有人说,去马来西亚留学吧!因为他们上课都说英语。

有人说,去马来西亚旅游吧!因为他们到处都讲华语。

当我们真的去了马来西亚,发现他们说的好像是对的,但又好像不对。

马来西亚是一个马来语、英语、华语和泰米尔语多语共存,但马来语一语独尊的国家。马来语被《宪法》明确规定为国语;而英语出于国家历史等原因被作为官方语;华语和泰米尔语等则是国家通用语,基本是各族群的内部语言。

在此,先就国语、官方语言和通用语言三者的区别做如下辨析①。

国语,在《现代汉语词典》中的解释是"本国人民共同使用的语言"。顾名思义,也就是指国家法定用语,它一般是本土民族语言中的一种,常以民族名(如新加坡的国语是马来语)或国家名(如菲律宾的国语是菲律宾语)命名。对于国语,通常的理解是各国宪法中明文规定并提倡使用的统一的国内标准语,一般会出现在具有国家象征意义的场合,比如马来西亚国徽下彩带的左右两侧分别以罗马字母和爪夷文写着马来语的国家格言——团结就是力量(Bersekutu Bertambah Mutu)。

---

① 钱伟:《多民族国家的国语、官方语言和通用语言》,《中国社会科学报》2016 年 8 月 23 日,第 3 版。

马来西亚国徽

　　官方语言,则是"为了适应管理国家事务的需要,在国家机关、法律裁决、正式文件及国际交往等官方场合规定使用的一种或几种有效的语言"。官方语言可能是本土民族语言中的一种或多种,也有可能是外语(原宗主国的语言或原联盟通用语)。需要注意的是,官方语言并不一定等同于行政语言。如新加坡法律规定有四种官方语言,但其行政语言和第一教育语言是英语。

　　通用语言,是指"某个国家内部操不同语言或方言的人之间进行交际的媒介,是不同语言背景的人进行交际时所接受的一种共同语",或"常用于日常语言,用来使操不同本族语的人群得以进行日常交谈",亦即一个国家在历史过程中自然形成的使用范围最广、使用人数最多、使用频率最高的语言。通用语言可能是本土民族语言中的一种,也可能是外语,并不一定是国语和官方语言。对于多民族国家而言,通用语言是族际交际(共同)语,如俄语在乌兹别克斯坦和塔吉克斯坦的地位就是族际交际(共同)语。

　　由此可见,国语和官方用语都带有明显的国家政治色彩,而通用语言主要是民间流通语言。简单来说，国语是法定语言，官方语言是工具语言，通用语言是文化语言，因此它们的法律地位和政治价值也就不言而喻了。当然，通用语言的形成，也不仅是民间交流的需要，还有政治、经济和社会发展的需要。

像马来西亚、新加坡这样的国家，在全世界是不是一个小众现象呢？非也。目前全世界近 200 个国家中绝大部分是多民族、多语言国家。全世界现有的 142 部成文宪法中，有 79 部规定了国语或官方语言。从世界各国的情况看，像韩国、蒙古国等是国语、官方语言和通用语言三语合一的。这种"一个国家、一种语言"自然是最理想的模式，但是这种类型的国家并不多见。多数国家的民族、疆域、语言界限并非完全重合，民族群体和语言群体互相交错，错综复杂。马来西亚因为其历史及民族等原因，就拥有马来语、华语和泰米尔语（三大族群的语言）以及英语（宗主国英国使用的语言）等多语言体系。

几乎每一个族群众多、语言复杂的国家，政府在制定语言政策时，都很难完全兼顾国家利益和全体民众的利益，往往只能在妥协和专制中寻求平衡。因此，当多民族国家中民族分布越分散、民族结构越均匀、民族资本越相当，则三语所代表的社会群体的话语主权意识就会越强，也更难统一，彼此之间的冲突也会越激烈。就本质而言，国语、官方语言以及通用语言的选择实际上是国际性语言和地区性语言、外来语言和本土语言、宗主国语言和附属国语言、强势语言和弱势语言综合博弈的结果，而国家的发展历史、政治、经济、文化、人口构成、文字和宗教等因素都会对语言竞争力产生显著影响，随着社会的发展，各利益群体的矛盾也会导致语言地位发生强弱变化。

所以，相比较而言，越南、泰国、缅甸等国家更容易统一。在马来西亚的人口结构中，在新加坡独立出去之前，华族和马来族人口相当,且具有占支配地位的经济实力,故而形成与马来族以"语"争天下的态势。新加坡独立后的马来西亚,在人口结构上,华人比例降了几乎一半,马来人则升至近七成,且随着"新经济政策"等的推行和实施,马华两族经济差距不断缩小,马来人在政治上占有的绝对优势,势必会对其他族群形成掣肘,因此马来西亚华文教育也在寻找新的发展契机。

先来了解一下马来西亚的整个教育制度。马来西亚采用的是国民教育制度,小学 6 年,初中 3 年,高中 2 年。

在马来西亚,大部分小学是公立学校,分为国民小学和国民型小学两种,另有少数私立小学。国民小学(简称国小)以马来语为主要教学媒介,国民型华文小学(简称华小)以华语为教学媒介,国民型泰米尔小学(简称泰小)则以泰米尔语(Tamil)为教学媒介。这三种小学虽然教学媒介语不一样,但都采用共同的课程纲要,而且马来语和英语都是华小与泰小必修的科目。事实上,在之前还有以英语为教学媒介的国民型英文小学(简称英小),在 1967 年《国语法案》通过后,英小就于 20 世纪 70 年代中期全部被改为以马来语或华语为教学媒介的国小或华小。别看"国民型"就比"国民"多了一字,但地位千差万别,后者经费由政府完全资助,而前者必须通过募款来凑集学校经费,马来西亚绝大部分华小是在 1957 年马来西亚独立前由华社出钱创办的,可谓是华人们主动争取的话语权。

马来西亚的中等教育虽由政府主办,但有一小部分中学是由私人筹办,所以中学也分两类:一是国立中学,一是私立中学。私立中学还分为普通中学、华文独立中学、商业学校、技术学校及国际学校。国立中学的教学媒介语是马来语,虽部分国立中学也设有华文科目,但皆属于选修课,课程深度也有限。中学时期的华文教育主要由私立中学承担。但是私立中学在

经济上完全没有政府津贴,办学经费源自学生的学杂费和社会
人士的捐助。在以往捐助者中,不仅有地位显赫的政党领袖和
家境殷实的成功华商,还有三轮车夫和歌女,甚至一些中小学
生也会捐出自己省吃俭用存下的零花钱,捐赠画面令人动容。
如今,马来西亚董总官网首页开设了"在线捐助"专栏,标注了
受捐华校项目,欢迎更多热心人士的助力。

黄惠康大使(右四)代表中国大使馆向董总捐赠 20 万吉林特

董教总赠送黄惠康大使(右三)"华教之友"牌匾

　　《1961 年教育法令》要求,华文中学在马来西亚独立后全部
改为国立中学,教学媒介语被改为马来语,而所有拒绝改制的

中学将被定义为华文独立中学(独中),且同时完全失去政府的经济资助。基于马来西亚华社坚守母语教育的精神,部分拒绝改制的中学亦成为现今以华语作为主要教学媒介的华文独立中学。除了学生要自行缴交学杂费,校方也需时常对外募捐,以维持学校的日常开销。那些位置偏远且华人人口偏少或经济落后地区的华文独立中学经营堪忧。

国立中学修毕课程后,按规定学生须加一项初中评鉴考试(PMR),主要评鉴学生的资质和技能,并作为升高中的标准。升上高中后,需接受两年(中五)的高中教育。高中教育采用适能分制,它按PMR成绩把学生分入理科组、人文组或技术职业组。在两年的高中教育后,须参加马来西亚教育文凭成绩(SPM)考试作为结业。如果想要确保进入国立大学,必须先修读大学预科(大学先修班)课程,并考取马来西亚高级教育文凭(STPM)当作报考大学的学术凭据。

同样具有三年初中以及两年高中学制的华文独立中学,在中学毕业时需参加华文独立中学统一考试(UEC),其水平普遍被认为在SPM和STPM之间,新加坡、中国、日本、美国、英国、澳大利亚、新西兰等国家的大学,包括新加坡国立大学、清华大学、台湾大学、东京大学、香港大学、爱丁堡大学等知名高校皆承认这一统考成绩。然而UEC的成绩并不被马来西亚政府承认,对华文独立中学升学的限制成为马来西亚政府打压华文教育的实据之一。

占全国总人口22％的华人在接受高等教育过程中饱受歧视,政府不仅有意提高入学报名要求,同时推行马来人优先的政策。在录取制度上从固打制到绩效制,造成华裔学生录取比率从早年的超过30％下降到近期的19％,即使侥幸被录取,也会遭遇专业被随意调配的情况,学生很有可能无法进入自选的院系。种种不公政策导致国立大学的华人学生比例普遍不高，许多华人学生被迫选择半官办学院或私立学院就读。

从基础教育到高等教育，马来西亚政府对华语乃至非马来语教育的态度非常明确。《1961 年教育法令》第 21 条曾授权教育部部长可以在适当时候下令将国民型小学改为国民小学，并建议不给予华文独立中学津贴等，这一条令后虽略有回转，但政府始终没有给予其同等的资助待遇。

如今，在一代又一代华人的坚守下，马来西亚华人的中文教育在东南亚甚至全球都是名列前茅的，除了中国以外，马来西亚是唯一拥有小学、中学、大专等完整华文教育体系的国家。

根据马来西亚教总发布的数据，截至 2021 年 12 月，马来西亚共有 1301 所华小，主要分布在柔佛、雪兰莪和槟城等华人聚集的地区，在籍学生为 505513 人。进入 21 世纪后，随着马来西亚华裔生育率大幅度下降，出现人口老龄化以及人口负增长，华小学生人数也面临逐年减少的趋势，但总体保持平稳，部分人口密集的地区甚至出现招生爆满的情况。

根据马来西亚董总发布的数据，截至 2022 年 8 月，马来西亚共有 62 所华文独立中学，79694 名在校生，主要分布在吉隆坡、柔佛、雪兰莪、霹雳、沙巴、槟城、砂拉越等地区，华文独立中学学生人数从 2003 年到 2018 年持续 15 年稳步增长，近两年人数增长比华小略有减少。但喜人的是，每年学校都有千余名非华裔学生。

如果说马来西亚华文基础教育是马来西亚华人先辈们辛勤耕耘播下的种子，马来西亚千百所华文中小学成了培育和维护中马两国世代友好的纽带和基石，那么马来西亚华文高等教育更是华文教育薪火永续的殿堂，其在近年发展中取得的斐然成绩，彰显出马来西亚华人的智慧和坚韧。

在 200 多年漫长的马来西亚华文教育历史中,新纪元学院[1]的创办可说是 1980 年南洋大学被关闭、1982 年申办独立大学官司败诉后,华文教育的另一个新起点。至此,马来西亚华社构建从小学、中学至大学完整母语教育体系的夙愿才有了实现的希望。新纪云学院于 1998 年由董教总教育中心(非营利)有限公司创立以后,历经多年奋斗,终于在 2016 年 12 月 30日获得教育部批准由学院升格为大学学院。新纪元大学学院目前设有 8 个学院与 10 个科系。8 个学院为研究生院、国际教育学院、文学与社会科学院、电脑科学与资讯科技学院、美术与设计学院、媒体传播与影视演艺学院以及会计、管理与经济学院、乐龄服务与管理学院。除了学士和专业文凭课程,新纪元大学学院还开设硕士和博士课程。新纪元大学学院的发展成就离不开热心华文教育人士的努力,为此,学校还专门设立了饮水思源宿舍大楼。

1990 年,获教育部批准创办的南方学院,是马来西亚第一所民办非营利高等学府。2012 年 8 月,教育部正式批准南方学院升格为南方大学学院。目前,南方大学学院共有 7 个学院、3个学部及 9 个研究中心。7 个学院为人文与社会学院、企业与管理学院、艺术与设计学院、电机与电子工程学院、中医药学院、教育与心理学学院,以及研究生与研究学院。3 个学部为大学基础学部、专业与推广教育学部和南方技职教育学院,9 个研究中心则是华人文化与族群研究所、马来西亚研究中心、商业与经济研究中心、创意设计研究中心、人工智能与物联网研究中心、社会科学研究中心、传统中医药研究中心、马华文学馆以

---

① 新纪元学院、南方学院、韩江传媒学院这 3 所大学的所有信息均来自学校官网。

及教育、心理学与辅导研究中心。学校官方网站首页发布的中文硕士和博士课程特别吸睛,令人振奋。

另外,同样也是由华人创办的高等学府——韩江传媒学院,自 1978 年开始即在教育界享有盛名,为当地新闻界培育无数人才。韩江传媒学院与中国传媒大学等知名高校有长期合作,1999 年 7 月获得教育部批准升格为韩江传媒大学学院。

更令人欣喜的是,不只是这几所华人创办的高等学府步入国际一流高校的轨道,推动华文教育砥砺前行,马来西亚本土高校也先后开设汉语水平课程。随着国际形势的变化和使用中文地区的迅速扩大,尤其是中国的崛起,世界各地都掀起了学习中文的热潮,马来西亚也做出相应调整。自 1974 年两国建交后,教育政策也渐趋开放,除准许更多大专院校开设中文系之外,还允许国立学校开办中文课程。

目前,马来西亚约有 20 所国立大学开设了华语班或华语课程,华语与德语、日语、法语、西班牙语一并推出,供各族学生选择。每学期选择汉语水平提高课程的学生人数最多,有时一个班 100 多人也不足为奇。除了纳入课程体系,部分高校还与中国高校积极开展合作交流,创建中国语言学术交流中心,共同提升汉语研究在国际上的影响力。

自 2004 年 11 月 21 日,第一所孔子学院在韩国首尔正式挂牌成立以来,孔子学院成为海外华文教育传播的重要阵地,通过中外合作致力于满足世界各国(地区)人民对汉语学习的需要,增进世界各国(地区)人民对中国语言文化的了解,加强中国与世界各国的教育文化交流合作,发展中国与外国的友好关系。马来西亚孔子学院的建设也在如火如荼地开展,已先后有 5 所高校和中国大学达成合作:第一家孔子学院由马来亚大学与北京外国语大学在 2009 年 7 月共创;紧接着世纪大学与海南师范大学合办的孔子学院于 2015 年 11 月揭牌;2019 年出现密集式发展,砂拉越科技大学学院与华北水利水电大学、马来西亚彭亨大学与河北大学、沙巴大学与长沙理工大学分别于 9、10、12 月陆续合作成立孔子学院。在 2019 年马来亚大学孔子学院成立 10 周年庆典上,马来亚大学副校长祖丽娜提到,孔子学院已经培养出了超过 3.5 万名学生。①

2012 年 10 月 30 日,厦门大学马来西亚分校成立,成为两国高等教育合作新的里程碑,为"一带一路"倡议的实施输送更多高素质国际化人才,为深化中马两国友谊、促进中马人文交流做出了重要贡献,也体现了马来西亚政府和人民开放的态度。

经过马来西亚多位翻译家 30 多年的努力,《水浒传》《三国演义》《西游记》《红楼梦》等中国传统文化瑰宝,也终于被翻译成马来文,并陆续在马来西亚出版发行。2017 年 7 月 24 日,黄惠康大使会见马来西亚国家语文局及马来西亚汉文化中心代表,对中马双方联合出版发行中国四大古典名著《水浒传》《三国演义》《西游记》《红楼梦》马来文版表示祝贺②。2018 年 8 月 19 日,马来西亚总理马哈蒂尔现身中国古典文学四大名著暨文化读本马来译本发布会并致辞,中马两国文化交流与合作迈入新的历史阶段。

---

① 《马来西亚首家孔子学院庆祝成立 10 周年》,http://www.xinhuanet.com/world/2019-10/30/c_1125168664.htm。
② 中国四大古典名著马来文版由马来西亚国家语文局、浙江出版联合集团、浙江古籍出版社、马来西亚翻译与创作协会和马来西亚汉文化中心联合出版,翻译工作历时 30 余年。

黄惠康大使（左五）会见马来西亚国家语文局及马来西亚汉文化中心代表

回望历史,200多年前,槟城建立了第一所华人学校——五福书院,如今,马来西亚成为全世界华文教育发展最繁荣的国家之一。全球华人肩负着传播中华优秀文化,让中华文明薪火相传的历史使命,林连玉等马来西亚华人先辈们谱写的一首首铿锵有力的颂歌,表达了中华民族同宗共源和团结一心的精神。随着中文在国际上传播范围越来越广,马来西亚政府在未来会有更开放包容的态度,中国与马来西亚两国人民必将民心相通、文化相融,在合作共赢的道路上行稳致远。

最和谐的街道

去马来西亚旅游，无论是看建筑，还是赏文化，有一个地方一定不能错过，那就是槟城乔治市的槟脚街（或叫椰脚街）。街道不长，大约 500 米，但就是这比一圈跑道略长点的街道，足以让有些游客驻留一日。

乔治市槟脚街两边矗立着马来西亚国内四大宗教的建筑，这些建筑于 200 多年前先后建成，并兴盛至今，此街被誉为"世界上最和谐的街道"，成为马来西亚一大文化奇观①。

先从历史最悠久的观音亭走起。观音亭是由早年中国南下的华侨于 1800 年建成，虽已历经 220 多年，但庙宇香火一直鼎盛。自古以来，观音菩萨在中国就被视为"大慈大悲，救苦救难"的全能之神，因此此处成为槟城华人代代相传的信仰中心，也是很多中国游客来到槟城的必经之地。每逢观音诞辰（农历二月十九日）与农历新春，每天都会有上千人前来烧香祭拜，香客络绎不绝，庙宇香火延绵不断。尽管观音亭是早年所建，但依旧金碧辉煌，无论是立于庙宇之门观望，还是细看门墙、牌匾、木柱等细致之处，都能感受到建筑工人的用心和虔诚。

移步至街对面，可见斯里玛哈玛廉曼兴都庙。它是全槟城最古老的兴都庙宇，建立于 1833 年，尽显南印度色彩。其主体

① 林添财、黄越：《解读马来西亚槟榔屿乔治市街道景观的文化多样性》，《南方建筑》2016 年第 1 期，第 56—59 页。

建筑是乳白色的,拥有红褐色瓦顶、银黑色圆穹、净白色高塔,充满了莫卧儿式建筑风格。作为城市中规模最大及历史最久的清真寺,也是槟城首座由印度裔穆斯林兴建的清真寺,虽然斯里玛哈玛廉曼兴都庙不算宏伟,但常年集聚着印度裔穆斯林。斯里玛哈玛廉曼兴都庙经多次扩建与装修,入口处设有一高塔,上面装饰各种雕刻工艺精湛的神像,形态生动,颇有气派。兴都教并未规定信徒须入庙祈祷,但庙宇的纯净灵气,更易让信徒沉淀心情、驱散烦躁。庙里供奉的是玛哈玛廉曼女神,是印度神话中的雨露女神,据说她能治百病,也掌管婚姻生育,一直受到印度人的崇拜。

再走不到 50 步远的地方便是圣乔治教堂,它创建于 1818年,是东南亚第一座英国圣公会所,属于圣公会东南亚教省的西马教区,被列为大马 50 个国家宝藏之一。圣乔治教堂在2009 年进行了大规模修复。教堂矗立在绿茵草坪上,拥有典型的哥特式建筑风格,有着宏伟庄严的白色尖塔,全白色建筑设计毫不花哨,干净利落的风格与教堂前方的莱特上尉纪念碑融为一体。据说没有人知道莱特真实的模样,所以这座雕像是根据他儿子的外貌做的。最初铁制的英式花园亭子,已改为钢筋水泥亭子,但依然隐约可见最初的轮廓,满溢浓厚的英伦气息,似在向人们低声诉说着这个国家曾经发生过的故事。

再至街角,便是槟城最大也是最古老的清真寺——甲必丹吉宁清真寺,它是乔治市内的著名遗址之一。甲必丹吉宁清真寺始建于 19 世纪 80 年代,1926 年由来自印度的伊斯兰教商人甲必丹吉宁(甲必丹是他的勋衔,吉宁是他的名字)修建,建材也是从印度进口,因此其风格也带点印度特色,如黄色的主色调、圆形的穹隆顶。清真寺每日会进行 5 次朝拜,诵读的经文通过喇叭可以传遍全城。寺庙旁边有座白色高塔,以前定时用来广播,提醒信徒祈祷时间已到,现在被用作资讯中心。甲必丹吉宁清真寺虽然历史久远,但因维修有道,寺庙外观仍非常新颖华美。寺庙主体为乳白色,屋顶为红褐色,塔顶为黑色,这种洋葱头建筑深受马来人喜爱,乃至日后的清真寺、政府机关建筑都采用了这种洋葱头的设计。

事实上,槟脚街只是乔治市多元和谐宗教文化的一角。作为世界文化遗产的马来西亚槟城乔治市,不仅是槟城州首府、马来西亚重要港口城市,也是继吉隆坡之后的马来西亚第二大城市。乔治市的历史街道除了具备基本的交通往来、日常生活和商业活动的功能,还为宗教祭祀活动提供空间,因此也体现出多元的文化意象。由于不同宗教的节日活动时间不一,各族民众已经在日常生活中不断磨合,并接受和认同了彼此的宗教节庆活动。槟脚街浓厚的宗教气息中,酝酿着多民族的互动,作为一个缓冲地带,对民族、宗教的冲突起到意想不到的缓和作用。

槟城究竟是怎样的一个地方,能有如此独特的平和之力,让众多宗教安然相处?

槟城,因槟榔树而得名,素有"印度洋绿宝石""东方之珠"等美称,既有美丽的海滩与原野风光,又有众多名胜古迹,是东方最如诗如画的浪漫城市之一。[①] 槟城,全称其实为"槟城州",也称为"槟州",是马来西亚 13 个联邦州之一,位于马来西亚西北部,槟城由威斯利地区(威省)和槟榔屿两部分组成。

这里曾经是英国在马来西亚最早的殖民地,当年英国东印度公司即设在这里。这里也曾经是华人非常活跃的地方。槟榔屿的地理名词最早出现于中国明代永乐年间成书的《郑和航

---

① 杜忠全:《老槟城·老生活》,大将出版社 2008 年版,第 8 页。

海图》中。数百年来,"槟榔屿"一词一直沿用。15世纪,中国舟师使用的海道针经《顺风相送》就记录从马来半岛的昆仑岛到槟榔屿的航行指南,可见在15世纪槟榔屿就已经和中国通商。1905年,孙中山先生在槟城成立槟榔屿同盟会。1910年,孙中山将原本设在新加坡的南洋总机关部转移到槟城,并召开了对中国命运影响深远的"庇能会议"。1905—1911年这几年间,孙中山5次来到槟城,将此地作为从事革命活动的重要基地,宣传革命思想,筹募革命资金,并在此创办阅书报社及《光华日报》(*Kwong Wah Yit Poh*)。《光华日报》是迄今世界历史最悠久的华文报纸。

如今,槟城仍保留了许多殖民时期的旧建筑,以及华人文化的纪念遗址,景致独特且富有怀旧气息,吸引了大批游客前来游览。2008年,乔治市和马六甲一同被联和国教科文组织列为世界文化遗产。槟城现在也是马来西亚华人最多的地方。

马来西亚城市文化的多样性体现了英国殖民和华人文化的遗产特色,同时也是实用主义的产物,肇始自远东贸易风潮——在东南亚地区进行的贸易活动。13—15世纪,马六甲海峡因其位于中国与西方之间的海上丝绸之路上,因而出现了诸多港口和聚落,乔治市就是其中之一。正是乔治市早期的商业贸易活动孕育了这座城市文化的多样性。这些街道除为民众的宗教和精神需求提供必要的空间之外,也会在不同时段应不同经济和社会使用需求被赋予其他相应的功能。

把视线放远,不仅是槟脚街,也不只是乔治市,马来西亚整个国家都是宗教文化繁荣发展与和谐共处的文明之地。

马来西亚是一个温和的伊斯兰国家,从国家到政党,对宗教都持包容态度,伊斯兰教虽为国教,但宪法规定国民享有宗教自由的权利。2015年5月3日(这是马来西亚佛教的重要节日——卫塞节），马来西亚总理发表卫塞节致辞时即表示，马来西亚尽一切力量来维护宗教和民族和谐，但愿马来西亚国内多元种族和宗教共存共荣，让多元文化和宗教继续成为马来西亚引以为傲的资产。[①] 马来西亚政府一直呼吁马来西亚各族人民，应不分彼此地团结在一起。2017 年 12 月 25 日，马来西亚五大宗教理事会在吉隆坡发表圣诞和元旦祝词时，呼吁马来西亚保持丰富的文化和多元宗教。时任马来西亚民政党全国主席兼种植业与原产品部部长马袖强也发表讲话，希望那些因为过多政治活动而引发的恐惧、不信任、偏执和仇恨，可以在基督教和其他宗教所倡导的人性和共同利益的精神下获得愈合。他倡议要更关注马来西亚多元社会中的共同价值观及融合，秉持包容和文明的态度，拒绝那些极端种族和宗教的言论。

《剑桥东南亚史》把东南亚比作"宗教的十字路口"，将多种宗教在此汇集的原因归结为"早期的远洋贸易"，进而指出"东南亚每个重大的历史转变都涉及宗教变化的因素"。马来西亚是东南亚国家的代表之一，它有着丰富多元的宗教文化，在消化、吸收、发展多元宗教过程中展现出的宽厚、平和与包容，在世界范围内有口皆碑。在历史发展的长河中，马来西亚容纳了来自世界各地的新老移民，形成了多民族、多宗教、多元文化的国家。

马来西亚有三大族群——马来人、华人及印度人，正好分别属于亚洲三大文明——伊斯兰文明、中华文明及印度文明，同时也呈现了伊斯兰教与佛教、基督教和印度教的混杂与交融。各大宗教人数的大致比例为：伊斯兰教占 62%，佛教占

　　① 赵胜玉：《纳吉布称马来西亚尽一切维护宗教和平民族和谐》，http://world.people.com.cn/n/2015/0503/c157278-26940094.html.

19.8%,基督教占 9.2%,印度教占 6.2%。在马来西亚,多元民族与多元文化共存是最大的社会现实,而宗教界限和民族划分几近重叠——伊斯兰教是马来人的族群信仰;华人一般信仰佛教、道教,但也有信仰其他宗教的;印度人一般信仰印度教、伊斯兰教或者锡克教。各个族群之中也有一部分人信仰基督教。这些人居住在同一个国家,有各自的宗教信仰,但他们之间又进行着密切的交往,形成了一种宗教多元融合的现象。

为何槟脚街会被誉为最和谐的街区? 这样的文化奇迹,其他国家可否复制?

从人类发展史来看,这并不是一个轻易可得的成果,多个宗教并存难免会产生冲突,中间必然经历了多重磨合,才慢慢形成和平共处的格局。从宗教来看,其具有整体性和排他性两重特点。所谓整体性,是指宗教往往有一套相当完备的关于世界、道德、政治、经济、教育和婚姻的看法,这些看法形成一个环环相扣的体系,并指向同一个目的,即如何在生活的每个环节,实现该宗教所界定的终极真实和圆满境界。也正因为这种整体性,宗教往往有很强的排他性,不容易接受其他宗教同时存在。

一个拥有不同宗教信仰的群体或者个人很难融入主流社会,这类群体和个人更容易处于文明冲突的风口浪尖上。当然,不能说所有冲突都是信仰不同引起的,其他的比如人种、语言、生活习俗等也会导致冲突,但非宗教信仰导致的冲突是可以调和的。文明的冲突主要存在于宗教信仰方面。①

既然从理论上来看,马来西亚的宗教能形成多元化格局令

---

① 郭茂硕:《马来西亚宗教多元化现象概述及其成因探析》,《中国穆斯林》2020 年第 2 期,第 45—49 页。

人费解,那又有何因呢? 探究其成因可见绝非偶然。

伊斯兰教具有包容精神。无论在历史上还是现实生活中,马来人的文化、生活方式、价值观念都深受伊斯兰教的影响。《古兰经》中真主把人类分为了不同群体,各群体都有一种教律和法程,真主最初并没有把人类都归为同一群体,在多元社会的环境下要求人们共同为善、同归真主。同样地,伊斯兰教也鼓励不同宗教信仰间的相互尊重,对于信仰其他宗教的人并没有排斥、歧视。虽然人们的宗教信仰不同,但只要仁慈行善,那么都会在真主那里享受到自己的报酬,这是伊斯兰教与其他宗教之间实现相互交流对话、共同进步的基础。正是这种多样性与统一性相结合的包容思想成为伊斯兰教影响马来人族群的重要因素之一。而伊斯兰教作为马来西亚的国教,奠定了国家和谐包容的基调。

然而仅靠宗教自律或互律很难实现绝对的稳定,除了教有教规,国还须有国法。作为马来西亚的最高法——《马来西亚联邦宪法》中也有相应的条文,整部法令(183 条)从头至尾都有涉及。

其中第 3 条就明确规定:伊斯兰教是马来西亚的国教。

第 11 条规定:1. 人人皆有权利信仰及奉行其宗教信仰,并在第 4 条的约束之下传播其宗教信仰。2. 除自己的宗教信仰之外,无人需为其他宗教而被强行征税,无论是其全部收入或部分收入。3. 每一个宗教团体都有权利,(1)处理自身的宗教事务;(2)为宗教目的或慈善目的而成立与维护其公共机构;(3)依法取得、拥有并管理相关产业。此外,联邦宪法还规定,任何人不得强迫他人接受非自己信仰的宗教及其教义,或者参加非自己信仰的宗教的仪式或礼拜,且给予了每一个合法宗教团体创设并维持为信徒子女提供宗教教育的权利,联邦或各州署有权创设或维持伊斯兰教机构或提供、协助伊斯兰教教育并支付所需款项。

第152条规定马来语为国语的同时,也保证各族群的母语可以自由地学习。因此,多源流教育的发展是受到国家联邦宪法的保障的,其也给予各族群母语教育的权力。即便与非伊斯兰国家相比,马来西亚对少数族群及其文化教育方面的包容也是显而易见的。这些法律保障了马来西亚社会民族、宗教的多元和睦相处。

经济基础决定上层建筑。社会稳定与国家经济发展状况密不可分,自20世纪70年代以后,马来西亚大力发展经济,为各民族提供均等的参与经济建设和享受经济成果的机会。"新经济政策""新发展政策"以及"第九马来西亚计划"等使得马来西亚经济在20世纪末总体上保持着高速增长,后来被称为"亚洲四小虎"之首。这些经济政策成功地造就了一批马来中产阶层,特别是在消除劳动力市场的族群区隔方面起到了很大的作用。城市化进程的推进,促使各民族与宗教不断交融、交往。经济领域的繁荣发展对巩固马来西亚各宗教、各民族的和谐关系起到重要作用,对遏制宗教极端势力、恐怖势力也有一定的积极作用。虽然马来西亚政府实行马来人优先政策,但对于华人和印度人的经济权利也给予保障。随着马来西亚现代化的深入与发展,社会的分层逐渐细化,利益团体跨越族群实现重组,中产阶层出现并壮大,宗教的身份标识意义随着族群之间的交流而有所模糊,这有利于社会稳定和宗教多样性的保持。马来西亚的各种宗教,如伊斯兰教在现代化的进程中适当自我调适,也成为现代化的积极推动因素,并对国家的政治、经济产生积极影响。

另外,节日庆典助推和睦共处。中国、印度的移民们来到马来时,也带来了各自的民族文化与宗教传统。来自不同国家或地区的移民共同构成的新马来西亚人,形成了独特的马来西亚宗教多元文化及与众不同的宗教模式。民族和宗教的多元化决定了马来西亚节日与公共假日的设置。如今,马来西亚全国共有 13 个国定节假日。其中,伊斯兰教节假日有开斋节、古尔邦节、伊历新年和圣纪;华人节日有春节;佛教节日是卫塞节;印度教的节日有屠妖节;基督教有圣诞节。除此之外,还有国庆日、元旦等国家节日。不同的节日庆典有利于不同族群互相了解各自的文化与宗教,而在和谐欢乐的节日气氛中接受彼此祝福,也有助于民族和睦。黄惠康大使曾描绘过这样一个场景:"我徜徉于马来西亚得天独厚的地理与人文环境。美丽的海岛沐浴在热带的阳光下,蕉风细雨伴随着馥郁丛林。我体验着马来西亚丰富多元的文化。穆斯林晨昏颂祷维系着虔诚的信仰,华人十五拜天公寄托着美好愿景。开斋节门户开放万民同乐,屠妖节印度族歌舞热闹非凡。"即便是从未去过马来西亚的人们,也可以想象出画面里的和谐和美好。

由此可见,宗教、政治、经济以及文化的共同作用,使马来西亚成为宗教多元和谐共处的典范。如今,马来西亚宗教多元化国家发展模式已初步形成,且具有独特魅力。这种理性务实的宗教政策,能有效减少族群间的隔阂,既保持宗教多元化,又能使各个族群保持各自独特的文化个性。马来西亚正为世界贡献自己的智慧与经验。

深藏若虚的旅游胜地

"若您没看过此地,那您还不算看过世界。"英国著名小说家、戏剧家威廉·萨默塞特·毛姆在英国鼎盛时期到访槟城时曾这样形容马来西亚。①

而在我国,一提起关于出国旅游的往事,也许还有很多人记得当年流行的一个调侃。

"去新马泰了吗?"

"去过了,新街口、马甸、北太平庄,一圈下来,花了不少钱呢。"

玩笑归玩笑,亦可看出马来西亚作为旅游地的超高知名度。

20世纪90年代,"新马泰(新加坡—马来西亚—泰国)"一度成为中国出境旅游的代名词。真正的新马泰旅游团,旅行社的报价为1万—2万元,而普通百姓月均收入当时仅几百块,全家得好几年不吃不喝才能走一趟,等有钱了,也不一定能顺利出行。早在1990年10月,国家旅游局会同外交部、公安部、侨办等部门,并经国务院批准,出台了《关于组织我国公民赴东南亚三国旅游的暂行管理办法》。该办法规定在有海外亲友并且其愿意付费、担保的情况下,允许中国公民赴新加坡、马来西

---

① 刘婧:《马来西亚:亚洲万花筒》,《旅游时代》2007年第5期,第52—63页。

亚、泰国探亲旅游,所以没有海外亲友,出国依然只是个梦。这真是吊足了大家的胃口。查阅早期的资料发现,早在1997年7月1日,青岛中国国际旅行社就在《青岛日报》刊登"新马泰加港澳15天境外游"的广告,单人报团价格在1.5万元左右。广告刊出后,虽价高,但不乏报名者,不过由于出境政策颇多,国家审批名额有限,游客需排上几个月甚至半年的队才能轮上。两个月后,这个由32名游客组成的旅行团在众人羡慕的目光中正式出发。这件事毫无疑问上了新闻头条,也成为中国出境旅游的里程碑事件。①

如今,中国出境旅游已经发生了翻天覆地的变化,中国已经成为每个国家竞相争取的巨大旅游市场。新马泰组团游早已"放下身价",其价格甚至一度跌破千元,令出国梦近在眼前,当年的"新马泰"式调侃已然变成了现实。

尽管新马泰旅游已不再受独宠,但因为其地理位置和旅游资源的优势,依然是很多中国游客迈出国门的优选甚至是首选,新马泰旅游一直保持着热度。不同的是,随着交通的便利以及人们旅游经验的丰富,大家去一趟新马泰犹如国内游一般驾轻就熟,旅行社也渐渐失去组团优势和兴趣,新马泰这个硬核组合逐步解散。

受2020年新冠肺炎疫情影响,出境旅游产品几乎全部下架,无法找到最新马来西亚出境游产品的报价和线路方案,在浏览了国内主流旅游平台(如携程、马蜂窝等)数十篇游记攻略后,发现既有跟团游还有自助游,既有飞机转站还有邮轮航线,甚至还有亚洲东方快车。

---

① 刘兰星、张颖:《第一游出国看世界》,《青岛晚报》2014年5月14日,第6版,http://epaper. qingdaonews. com/html/qdwb/20140514/qdwb722789. html。

先说说新马泰的组合线路。首次出国的中老年群体,可能还是喜欢这条经典线路,一来也算是实现当年的出国梦想,二来这样的线路重在打卡,更具性价比。

三个国家的出游顺序虽以"新—马—泰"为多,但有的也按照逆序游玩,先进入泰国,再经新加坡进入马来西亚,最后从新加坡出境(即"泰新马")。这也许与新加坡航空公司在中国业务更为发达,游客多从新加坡樟宜机场出入境有关。

若是比较停留时长,泰国最久,其次是马来西亚,新加坡最短,行程时间的划分比例大致在 6∶3∶1。究其原因,不外乎性价比和旅游资源的开发程度,新加坡物价最贵、资源最少,而泰国旅游项目最多、物价最低,马来西亚则介于其间。

组合游中,泰国主要集中在曼谷和芭堤雅,如今的海南也有类似的景点;新加坡比较小,圣淘沙、环球影城和鱼尾狮公园是主要打卡地;马来西亚的资源具有异质性,主要是感受其多种族文化和"亚洲四小虎"的魅力,马六甲和吉隆坡成为必游之地。

再来看看马来西亚的单国旅游线路,行程也非常丰富,一般可安排 5—10 天。无论是热衷自由行、深度游还是多次重游的游客,都可以在马来西亚找到合适的旅行方式。

对于打卡式的游客,马来西亚的便利交通可以满足你三两天领略马来西亚风情的愿望,穿梭在吉隆坡的各类建筑中,感受马来西亚温热的气候和夹杂着各种语言的人群,如同穿越在中国的国界线上,忽如家乡,忽如异乡,也似乎站在历史的轴线上,忽如过去,忽如现在。

如果你对历史文化或宗教文化感兴趣,马来西亚处处皆是没有门墙的博物馆。乔治市、马六甲等几个世界文化遗产城市,散发出的历史气息,会吸引你去了解这个国家的过去,探究他们各持信仰却无比和谐的秘密。

　　年轻的游客或是亲子家庭,多半是以休闲度假为主,陪着伴侣和孩子看看海,逛逛街,吃吃美食,那马来西亚绝不会让你失望的。马来西亚的海洋资源丰富,兰卡威的海滨蓝和免税店令人流连忘返,你也可以漫步在东南亚风情街道,走累了就随便坐下,各种地道的美食——椰浆饭、炒粿条、马来糕,还有不得不尝的娘惹餐,会喂饱你的胃。

　　2017年著名的国际足球明星——苏亚雷斯为马来西亚旅游代言,高呼"Malaysia,Truly Asian"①(马来西亚,魅力亚洲),代表马来西亚向全世界发出邀约。

　　查阅2015—2019年《中国出境旅游发展年度报告》(2020年因疫情不做比较)数据发现,马来西亚基本位居我国游客出境目的地的前七名,这也算实至名归,但仔细看看榜单国家,泰国基本排在"目的地及接待人次"的首位,连"国家小、资源少、价格高"的新加坡也排在马来西亚的前面,这倒是匪夷所思。

　　马来西亚如此多彩的旅游资源,为何未能在东南亚国家中拔得头筹呢?

　　单从气候来看,因位于赤道附近,马来西亚属于热带雨林气候和热带季风气候,全年无明显四季之分,一年之中的温差变化极小,平均温度在26—30 ℃之间,和泰国、新加坡差异不大,可能还更凉爽一些。

　　再说说交通,马来西亚航空运输业相当发达,除马来西亚航空公司提供110条国际航线外,另外还有50多家国际航空公司有飞抵马来西亚的航班。香港、北京、上海、广州、深圳、成

———————

　　①　"Malaysia,Truly Asian"是马来西亚旅游官方宣传口号,2010年马来西亚发布了同名旅游宣传曲。

都等都有直飞马来西亚首都吉隆坡的航班。

语言,绝对是吸引国内游客到访的利器。马来西亚有着近30％的华人以及完整的华人教育,出国汉语交流基本没有障碍。

最重要的是,马来西亚的旅游资源丰富,海岛海底、热带雨林以及高原构成的立体化的自然旅游资源,以及多民族形成的建筑、节庆、美食等缤纷文化旅游资源,有绝对的魅力吸引每一位中国游客。在签证办理方面,也非常快速便捷。

但是,这些有利的条件,为什么没有被完全转化为旅游吸引力呢?

根据马来西亚入境旅游资料,2018年中国公民赴马来西亚旅游人数已达294.41万人次,与2017年相比增长速度达29％,成为国际客源地TOP3。中国已连续7年成为马来西亚除东盟国家外最大游客来源国,显然,中国一直以来都是马来西亚的重要国际客源国,只不过与泰国等东南亚国家相比,有着多重优势的马来西亚可能并没有铆足劲竞争,究其原因,也并非偶然。

先从国家的产业发展战略来看,地广人稀的马来西亚,民族融合程度迟缓于周边国家,再加上宗教原因,国际化进程推进缓慢,在对外开放态度上不及泰国和新加坡积极。就其产业结构而言,早期的马来西亚更依赖于农业,由于属于热带雨林气候,其自然资源相当丰富,如橡胶、宝石、锡和石油等,同时依赖于马六甲海峡国际港口,制造业发展速度较快。出于对自然环境的保护和避免对进口货物的依赖,马来西亚政府也开始推动马来西亚的旅游业,因此,近年作为第三大经济支柱、第二大外汇收入来源的旅游业发展速度较快,但与泰国、新加坡相比,存在产品同质等问题,如海滨旅游、购物旅游等。作为新马泰旅游第二站的国家境地颇为尴尬,如在免税品购买消费上无法拔得头筹,游客也会因携带不便或纠结价格是否最优而有所顾虑。[①]

再从旅游资源的开发现状来看,与泰国相比,马来西亚开辟的景点以伊斯兰教文化景观为主,包括国家清真寺、大教堂等,同时注重对中马友好文化的传播,例如郑和下西洋留存的历史遗址被充分开发,马六甲的郑和庙、三宝山(又称"中国山")等是中国游客抵达马来西亚的首站打卡点。为了引导游客消费、增加外汇收入,当地导游会向游客推荐一些具有本地特色的产品,如乳胶床垫、东革阿里和宝石等。但是从线路设计来看,该国的旅游景点以国家历史景点为主,相对单一,而且个别景区环境较差,地标性建筑物以国油双塔为主,除云顶高原的云顶赌场外,全国近年来几乎没有开辟新的景点和娱乐设施。面对不断成熟的出境旅游消费者,马来西亚的旅游资源缺乏现实惊喜和互动体验,与泰国等相比,必然略逊一筹,难以树立口碑。

酒香也怕巷子深,要刺激旅游消费,当然要一起吆喝,除了客源国的积极推广,目的地国的旅游宣传也是极为重要的。马来西亚于1992年成立了旅游促进局,马来西亚的旅游年最早创建于1990年,主题为"魅力马来西亚,节庆之年",之后陆续于1994年(主题为"魅力马来西亚,自然至上")、2007年(马来西亚50周年庆)以及2014年(主题为"马来西亚齐聚亚洲魅力")共举办过四届旅游年活动。2014年3月马航客机MH370失联事件发生后,马来西亚旅游部长纳兹里·阿卜杜勒·阿齐

---

① 曹瑞冬:《"一带一路"下东南亚三国旅游业发展现状比较研究》,《2019年广东社会科学学术年会——粤港澳大湾区与全球化贸易学术研讨会论文成果汇编》,第233—243页。

兹宣布,要等失联马航客机的搜寻工作有结果后,马来西亚观光年活动才会在中国启动。2019 年是马来西亚和中国建交 45 周年,原计划举办的 2020 年国际旅游年活动(包含"2020 中马文化旅游年"活动)因新冠肺炎疫情的暴发再次被取消。

2020 年 1 月 19 日,中国马来西亚文化旅游年开幕式在吉隆坡举行①

除官方旅游推介外,影视剧和综艺节目对拍摄地的旅游发展也有积极的作用。根据泰国旅游和体育部旅游局发布的数据,2018 年共有 714 部外国影片在泰国拍摄,带来了一大波影视主题游客,《杜拉拉升职记》《门徒》《泰囧》《唐人街探案》等票房口碑俱佳的影视作品,也都在泰国取景,虏获了一批中国游客,然而在马来西亚取景的影视作品中,印象深刻的甚至要追

———————

　　①　图片网址 http://my. chineseembassy. org/chn/zmgx/t1880672. htm。

溯到2000年的《夏日么么茶》(整部电影都是在马来西亚热浪岛取景)以及更早的几部成龙的作品,之后就少有宣传。

马来西亚旅游业的发展虽未使出全力,但总体还是一路向上。根据马来西亚旅游部公开的数据,2011—2019年,马来西亚旅游业收入从583.2亿林吉特(折合人民币约920亿元)增长到861.4亿林吉特(折合人民币约1359亿元)。近9年增幅达47.4%,旅游业发展走线稳步上升,其间因为马航事件出现了下降,但跌幅也并不明显。而从旅游人次来看,2014年达到顶峰(2744万人次)后稍有回落,于2016年再次上升,2017年再次回到2590万左右,到2019年为2610万人次,这9年间整个发展非常平稳。

纵观马来西亚的旅游发展,自20世纪60年代起步之初,政府就把重点放在国际旅游市场。1998—2014年,马来西亚的国际游客数量迅速增长,除在2003年受到“巴厘岛爆炸事件”和“非典”的共同影响,游客数量下降之外,伊拉克战争、印度洋海啸、H1N1流感和世界经济危机都没有阻挡游客量持续增长的步伐,直到2014年3月的“马航事件”。2017、2018年的国际游客人次减少,主要是由于来自新加坡和文莱的游客减少,但来自印尼、中国、韩国和印度的游客增长迅速。

单纯看旅游人次和旅游收入,很难对一个国家的旅游发展现状得出科学的结论。为了更全面地了解马来西亚的旅游发展状况,我们可以拿2018年的一些数据进行分析①。

都说留得住人才能赚到钱,2018年,外国游客平均在马来西亚停留约6.5个夜晚,比上一年延长0.8晚,其中来自沙特

---

①　吴宗玉、崔崑:《马来西亚发展报告》,社会科学文献出版社2019年版。

阿拉伯、科威特和阿联酋等西亚国家和来自英国、丹麦、荷兰等欧洲国家的游客停留时间相对较长,其中沙特阿拉伯游客停留时间最长,达10.9个夜晚。由此可见,马来西亚的境外旅游需求还处在上升通道,尤其是部分伊斯兰国家的游客,单次停留时长较长,他们愿意花费更长的时间来体验马来西亚的宗教文化。

人是留住了,钱花了吗?外国游客在马来西亚总开销达841亿林吉特,相比2017年增长2.4%,平均每位游客每次消费3257林吉特,相比2017年增长2.9%,其中购物、住宿和饮食等消费占比较大(72.5%),达610亿林吉特。从游客支出总额上看,排名前三位的客源国分别是新加坡(272.6亿林吉特)、中国(123亿林吉特)和印尼(110.7亿林吉特),但如果从日均支出和人均支出上看,排名前三位的则是沙特阿拉伯、科威特和阿曼。从消费结构来看,基础消费(吃、住、购)比重仍过大,相比较而言,交通、旅游、娱乐等项目消费可能还不足四分之一,旅游产业依然以劳动密集型服务为主。另外,游客支出总额做出最大贡献的3个国家(新加坡、中国和印尼),和出游人次呈正相关也基本合理,但日均支出排前三的国家(沙特阿拉伯、科威特和阿曼)并不在出游人次TOP10榜单中,虽然来自这3个国家的游客在马来西亚的停留时长更长,但无奈人少力薄。

无论是平稳发展的态势,还是忽上忽下的波动,所有的前进在2020年都被按下"暂停键",受新冠肺炎疫情影响,全世界旅游市场严重受挫。马来西亚于2020年3月18日宣布关闭边境,2020年旅游业收入跌至126.9亿林吉特,比2019年下降了85.3%,国际游客为433.3万人次,比2019年下降了83.4%。这一状况延续到2021年。新冠肺炎疫情带来的蝴蝶效应,将会不断凸显,出境旅游业受困,对一国经济将产生连锁性反应。再次以 2018 年数据进行说明,马来西亚旅游业共雇用 350 万人,年增长 4.9%,占总就业人数的 23.5%,从行业分布来看,零售业和餐饮业员工人数最多,分别占 34.1% 和 33.1%,两者之和占到了旅游业总就业人数的 67.2%,这部分人在疫情期间长时间处于失业状态,或面临重新就业。

无论是过去的辉煌,还是当前的低迷,我们永远坚信国际旅游市场会重回春天,马来西亚的国际旅游业也将迎来灿烂的明天。

作为一本有态度的探索类杂志,《孤独星球》一直对马来西亚情有独钟,2014 年,其将马来西亚列入了全球十大旅游地,同年将槟城评为全球美食城冠军,2016 年,槟城再次被评选为全球十大旅游城市(第四),2017 年霹雳州的首府——怡保(Ipoh)获评全球十大最佳旅行地之一;美国 CNN 旅游频道亦将吉隆坡列为世界第四大购物城市,并将马来西亚的 3 个原始岛屿和沙滩列入 100 个世界沙滩中的前 50 名。有这些头衔加身,马来西亚已光芒四射。

如今的马来西亚政府也更务实开放,张开双臂欢迎四方宾客。而永远的亲邻——东盟成员国家,将是助力马来西亚发展的坚强后盾,政府通过借助东盟旅游论坛等平台,继续推动东盟区域内部短途旅游,与各成员国形成联动机制,进一步合作共进。对于新加坡等贡献较大的国家,马来西亚将主动寻求市场共赢。对于中国,马来西亚将一方面继续加强面向中国游客的宣传,树立安全形象,另一方面通过简化签证手续、减少交通成本等方式,从泰国、新加坡客源中积极引流。对于其他伊斯兰国家,马来西亚将深度开发伊斯兰文化旅游资源,进一步了解沙特阿拉伯、科威特、阿联酋和阿曼等国际客源市场的旅游消费需求,在继续满足这部分客人高端消费需求的同时,尽可能增加游客人次。

　　随着出境旅游的不断发展,游客经验日渐成熟和多元化,马来西亚的旅游产品也在不断进行创新,先从结构比例上入手,开发更多休闲、娱乐、旅游及修学等项目,降低住宿、饮食和购物的比例,丰富游客体验,提高重游率和满意度。针对不同年代的游客开发出多主题旅游线路,对"60后"主打怀旧主题,且多以组团形式,带领他们重温当年祖辈们下南洋创业的故事,用亲情价,打温情牌;对"70后""80后",则主打亲子或休闲主题,利用世界"最佳旅游目的地""最佳生态旅游目的地",亚洲"最佳品牌推广和最佳生态游目的地""最佳旅游组织"等多个奖项,为马来西亚提高旅游价值,改变原有鸡肋印象,做好海滨、热带雨林、高原等自然旅游资源文章,同时将建筑、历史、民族、节日等资源动态化;对"90后""00后"则鼓励自由行,通过在爱彼迎(Airbnb)、缤客(Booking)、猫途鹰(Trip Advisor)等国际旅游在线平台以及年轻人依赖的小红书、马蜂窝等 App 进行信息共享,独创新南洋文艺主题线路,如开发壁画文化旅游①、娘惹②文化旅游、冠军美食旅游,用热播影视作品《湄公河行动》《安娜与国王》里的风景等吸引粉丝,使马来西亚绽放独

---

　　①　2012 年乔治市艺术节期间,来自立陶宛的青年艺术家恩纳斯·扎卡勒维奇(Ernest Zacharevic)绘制了一系列壁画,结果以《姐弟共骑》为代表的系列壁画作品风靡一时,扬名国内外。此后,其他艺术家的壁画陆续出现,进一步推动了乔治市的街头艺术风潮。

　　②　娘惹:一般指峇峇(Baba)娘惹,是 15 世纪初期古代中国移民和东南亚土著马来人结婚后所生的后代,马来语中把生下的男性后代称为"峇峇",女性后代则称"娘惹"(Nyonya)。有人称他们为"土生华人"或"海峡华人"。峇峇娘惹的聚集区主要集中在马来西亚的马六甲、槟城以及新加坡。

有魅力。

《姐弟共骑》壁画①

　　新马泰曾是中国出境旅游的经典线路，是中国游客迈出国门看到的第一道风景，那里有圣淘沙的繁华、马六甲的历史以及芭堤雅的风情……未来，马来西亚将开创更多属于自己的经典景点，等待全世界游客来探索。

___

　　①　图片网址 https://www.sohu.com/a/247403283_100134338。

仰望星月的国油双塔

　　几乎所有去过马来西亚的人,都知道马来西亚有个地标性建筑,那就是位于首都吉隆坡的国油双塔。塔楼犹如两支利箭直击长空,站在地面看塔楼的顶端,需要把头仰到极限。

马来西亚国油双塔①

　　国油双塔是马来西亚国家石油公司的综合办公大楼,所以也称为吉隆坡石油双塔(Petronas Twin Towers),或称"国油双峰塔""双子大厦""双子星塔"等,由世界著名的建筑大师西

————————

　　①　图片网址 https://skyscraper.org/。

萨·佩里(Cesar Pelli)设计,是马来西亚首都吉隆坡的标志性城市景观之一。建筑共88层,高452米,巍峨雄壮,其曾打破美国芝加哥西尔斯大楼保持了22年的最高纪录,成为当时世界上最高的建筑,直到2003年10月17日被台北101大楼超越,之后又涌现了更多巨型建筑,但目前国油双塔依然是世界最高的双栋建筑。

曾有媒体报道过"蜘蛛人"攀爬国油双塔的新闻[①]。2009年9月1日,46岁的法国攀爬高手阿兰·罗伯特成功登顶国油双塔,其自称曾成功攀登过世界70多座摩天大楼和地标式建筑,包括纽约帝国大厦(381米)、巴黎埃菲尔铁塔(300米)和旧金山金门大桥(桥塔总高342米),而此次攀爬刷新了他的个人纪录。这是他第三次挑战该楼,之前两次分别在1997年和2007年,但每次都是攀爬到60楼时被当地警察逮捕,未能如愿。当然,此次攀爬,吉隆坡法院对其开出了2000林吉特的罚单,罗伯特为自己坚持了12年的梦想,欣然接受了这一处罚。这则新闻的细节并不重要,但由此可以看到国油双塔在世界高楼中的地位。

国油双塔于1993年12月27日动工,以每4天一层楼的速度建造,这个节奏对于马来西亚来说实属奇迹。建筑于1996年2月13日正式封顶,1998年投入使用。它是马来西亚国家石油公司投资20亿林吉特建造的,两座塔楼中一座是马来西亚国家石油公司办公所用,另一座则用来出租。埃森哲、半岛电视台、巴克莱资本、彭博社、波音、IBM、麦肯锡、微软和路透社等跨国公司和新闻媒体集聚在此。

---

①　《法国"蜘蛛侠"成功爬上马来西亚石油双塔》,http://news.sohu.com/20090901/n266371799.shtml。

　　与已有的双子塔不同,国油双塔的两栋裙楼并非独立,在第41—42层之间有一座长58.4米、距地面170米高、重750吨的空中天桥,横跨两楼之间,连接着会议室、行政餐厅和祈祷室。这也是目前世界上最高的过街天桥,是观光游客停留和进入观景台的必经之处。多部国际影视作品在此取景,其中最著名的是肖恩·康纳利和凯瑟琳·泽塔-琼斯主演的电影《偷天陷阱》。影片中,男女主角就是从此处逃脱的。

　　说到对该楼建成贡献最大的人,不得不提建筑大师西萨·佩里先生①。1926年佩里先生出生于阿根廷图库曼,并于1950年获得阿根廷国立图库曼大学建筑学学士学位,1954年获得建筑学硕士学位。毕业后他效力于芬兰建筑大师艾罗·沙里宁的工作室,并担任多个建筑项目的设计师,如纽约肯尼迪机场TWA候机楼以及耶鲁大学摩尔斯学院与斯泰尔斯学院。1977年,佩里先生投身建筑教育事业,以他丰富的行业经验,担任耶鲁大学建筑学院院长,后又成立了西萨·佩里建筑事务所(Cesar Pelli & Associates)。1984年,他辞去院长这一行政职务,继续执教建筑学,并将更多精力投入事务所的运营中。佩里先生特别重视建筑设计品质,对于每个项目都亲力亲为,同时他也非常珍惜人才,为嘉奖事务所高级负责人的付出,事务所于2005年更名为佩里·克拉克·佩里建筑事务所(Pelli Clarke Pelli Architects,PCPA)。佩里先生对世界建筑设计做出了巨大贡献,除了国油双塔,他的代表作还包括米兰的新门加里波底大厦(Unicredit Porta Nuova Garibaldi)、洛杉矶的太平洋设计中心(Pacific Design Center)、伦敦的第一加拿大广

---

　　①　吴力人、欧阳琦:《谈西萨·佩里》,《世界建筑导报》1998年第2期,第12页。

场(One Canada Square)、纽约的世界金融中心冬季花园公共中庭(The Winter Garden Public Atrium)、毕尔巴鄂的伊维尔德罗拉大厦(Iberdrola Tower)以及中国香港和上海的国际金融中心(International Finance Centre)等。佩里先生的作品遍布全世界,且几乎每一个作品都成为当地地标建筑。1989 年,佩里·克拉克·佩里建筑事务所被国际会计师公会(The Association of International Accountants, AIA)授予年度最佳事务所称号。1991 年,西萨·佩里当选美国在世的十大最具影响力建筑师。1995 年,国际会计师公会为西萨·佩里颁发金奖,充分肯定了他一生的卓越成就和对建筑的突出贡献。2019 年 7 月 20 日凌晨,佩里因心脏衰竭离世,享年 93 岁。

国油双塔是佩里先生的得意之作。2004 年 11 月 27 日在印度首都新德里揭晓的阿迦·汗建筑奖中,佩里先生凭借马来西亚吉隆坡国油双塔的设计获得伊斯兰建筑奖。该奖项是世界最具影响力的建筑奖项之一,由阿迦·汗四世于 1977 年创立,每 3 年评选一次。阿迦·汗建筑奖评委称赞该建筑不仅保留了传统的伊斯兰建筑风格,且表现出现代的创新意识,堪称伊斯兰现代建筑的典范。作为地标建筑,国油双塔在建筑设计上将地域性、民族性和国际性融为一体,将现代科技与民族文化完美结合。

与迪拜穆斯林双子塔一样,国油双塔采用传统伊斯兰教建筑常见的几何造型,楼面构成以极其优雅的剪影带来了独特的轮廓,其平面是两个扭转并重叠的正方形,同时用较小的圆形填补空缺。整个建筑以阿拉伯图饰为基础,采用新建筑时代的钢结构形式。建筑圆顶,依稀类似清真寺的轮廓①。设计风格体现了吉隆坡这座城市年轻、中庸、现代化的城市个性,突出了标志性景观设计的独特理念。设计者充分考虑到马来西亚热带气候的特点,在建筑立面大量使用不锈钢、玻璃等材料,既十分壮观,又起到遮阳效果。

要说建筑最独特的地方,非人字形天桥的设计莫属,横跨两楼之间的天桥寓意着吉隆坡通往现代化的道路。然而这个被称为"sky bridge"(天空之桥)的杰作,并非最初设计方案中就有,而是建筑盖到70多层时大家关注到了高楼的安全隐患,有人提出可架设一座天桥作紧急疏散之用。这一创新且大胆的想法得到了佩里先生的认可,但接下来的实施并非一帆风顺。在确定了这一方案后,工人们把近800个天桥构件拉到现场装配,再用起重机和千斤顶吊到塔楼上,支撑天桥的两条修长支架则连接到29层楼上。但天公不作美,在天桥构件被吊至指定位置的第一天夜晚,闪电不断袭来,致使控制系统电路中断,天桥构件纷纷跌落。第二天工人们紧急抢修,可持续的电闪雷鸣,再次损坏控制系统。几经折腾,工期被严重耽误,原本就不大赞同架设天桥的承包商怨声四起。佩里先生为表决心,主动与承包商签订责任书,以法律文本的形式将自己的全部身家,以及作为大楼总设计师的薪酬,总计1200多万美元,作为延期罚款的抵押。正是由于他的坚持,才有今天的国油双塔,也正是他对建筑品质和安全的态度,成就了他一生的辉煌。事实也证明他的坚持是对的,就在国油双塔建成后的第三年,美国遭遇"9·11"事件,上千人被困高楼无法逃生,5年后芝加

① Cesar Pelli. "An Interview with Cesar Pelli". MoMA, no. 31, 1984, pp. 2-2. JSTOR, www. jstor. org/stable/4380932. Accessed 13 July 2021.

哥市中心库克郡办公大楼发生火灾时,同样有 6 人被困身亡。

如此耗费巨资建造的国油双塔,究竟给马来西亚带来了什么呢?

众所周知,任何一项世界之最都是国家向世人展示其发展的骄傲成果。"世界最高楼""世界最高双子楼""世界最高天桥""东南亚最大古典交响音乐厅",以及停车场设有超过 5000 个车位,乘搭电梯只要 1 分钟左右就可以直达观景台……这些殊荣都将牢牢记载在马来西亚国家发展的史册上。

国油双塔建成后,以国油双塔、敦拉萨国际金融中心、国际会展中心等建筑为核心的"黄金三角区",形成了吉隆坡"CBD 中的 CBD"——KLCC 区。这里聚集了各行各业的精英人士,快速推进了马来西亚的国际化进程。国油双塔周围布满了鳞次栉比的高楼,几乎是见缝插针。中国北京城建北方公司在马来西亚第一个以工程总承包形式中标的 KLCC 明珠酒店工程以及悦榕庄酒店也在该区域。

毋庸置疑,国油双塔是游客从云端俯视吉隆坡全景的最佳观景台。天桥向游客开放,且最初,参观是免费的。直到 2010 年,马来西亚国家石油公司开始出售门票,且每天最多发放 1000 张,游客可提前进行预约。门票分为多种,或只参观天桥,或搭配参观 86 层观景台。在 86 层观景台,游客可以欣赏塔楼尖塔的特写视图、数字显示和塔楼历史展示。登塔观光一天内共有 24 个场次,每场游览时间为 30 分钟。

建筑内还有被喻为"城市大鱼缸"的水族馆,馆内有一条玻璃长廊,内有 150 多个品种、5000 余只海洋生物。除此之外,还可以带孩子前往国油科学探索中心,内有超过 770 平方米的展览厅,展示马来西亚石油发展的历史和石油工业相关技术。另外,艺术氛围浓厚的国油艺廊和国油管弦乐厅也都是不错的游玩选择。

国油管弦乐厅,是东南亚著名的古典音乐厅。该音乐厅位于两座塔楼之间,其内部以 19 世纪欧洲音乐厅的设计为基础,赢得了"世界最佳音乐厅之一"的赞誉。音乐厅接待过一些世界上最受尊敬的音乐人才,并且是马来西亚爱乐乐团的所在地。

如此看来,国油双塔已然不只是在建筑高度上于世界高塔中占一席之地,它还是马来西亚现代发展的缩影。国油双塔为马来西亚的现代建筑发展画上了里程碑式的一笔,那么马来西亚的其他建筑是否也同样展现出文化的多元性呢?

来自广州城建开发设计院的宫晨先生,对马来西亚建筑颇有研究,他将马来西亚的建筑分为本土文化建筑和多元文化建筑。本土建筑的代表就是马来半岛的草屋,主要有两种类别:萨卡屋(the Saka House)和马来屋(the Malay House)。①

萨卡屋（左）和马来屋（右）②

① 宫晨:《本土文化与多元文化的和谐共生——浅谈马来西亚建筑》,《城市建设理论研究(电子版)》2013 年第 17 期,第 1—13 页。
② 图片来源于宫晨:《本土文化与多元文化的和谐共生——浅谈马来西亚建筑》,《城市建设理论研究(电子版)》2013 年第 17 期,第 1—13 页。

　　萨卡屋的主要特征是木结构、草屋顶、底层架空、室内空间宽敞。马来屋的主要特征是重檐屋顶且出檐深远,其共有 4 种类型,即马六甲型、霹雳型、吉打型和马来半岛东海岸型。这种平缓挑出的下层屋顶有利于遮挡热带强烈的阳光,既可以降低温度,又形成了光线的间接反射,使室内采光柔和,而高耸陡峭的上层屋顶有利于迅速排掉大量的降水,同时高屋顶有利于空气的流通,达到通风、降温、去湿的目的。这种非常具有马来亚民族特色的重檐大屋顶被称为"明南卡包"(Minangkabau Roofs),建于 1902—1908 年的室利美纳梯宫殿(the Sri Menanti Palace),可以算作官方代表作品。它是马来半岛最大的木结构宫殿,现为国家皇家博物馆。这种基于马来西亚地理气候环境而产生的建筑形式作为民族文化的真实性和可识别性的体现,受到了马来西亚近现代建筑师的重视,并在创作中进行了借鉴。

　　同中国的八卦村、客家土楼一样,马来西亚也有一种独特的建筑——长屋。长屋是"犀鸟之乡"砂拉越伊班族的自居屋。之所以被称为"长屋",自然是因为屋子很长。其长度与家庭成员的多寡有关,短则数十米,长则过百米。长屋由高架木桩支起,离地面 2—3 米,上面住人,屋下饲养家禽牲畜。长屋一般沿河而建,因地势不同,有的呈"一"字形,外观整齐,有的蜿蜒起伏,连绵成片,与优美的自然环境融为一体,成为当地特有的人文景观。

　　马来西亚建筑的多元风格充分展示了马来西亚移民文化、殖民文化和宗教文化的碰撞与融合。

　　从移民文化来看,遍布马来西亚的华人住宅、佛教庙宇、祠

堂和商铺,尤其是商业店铺与住宅融合在一起的联排骑楼①
(Row House),都充分体现了中国的中庸之道。后来随着欧洲
殖民者的进入,在加入了西方古典主义和哥特式建筑的处理手
法后,又与当地的本土文化融合在一起,形成了一种"英伦—海
峡风格"(the Anglo-Strait Style),如著名南洋商人张弼士的宅
第就展现了中国风格庭园如何适应热带气候,以及与外国建筑
理念和材料的完美融合。

　　从殖民文化来看,马来西亚的殖民历史大约有 450 年之
久,分别历经了葡萄牙、荷兰、英国等不同国家的入侵。这些国
家的殖民统治都超过百年,自然也留下颇多殖民遗迹,如葡萄
牙人引入了石头建造技术并介绍当地人使用红砖作为建筑材
料,使永久性建筑成为可能,其典型就是天主教堂和坚固的要
塞。荷兰人拥有先进的制砖技术,在近 300 年殖民期间建造了
大量的商业建筑和住宅,对公共建筑的贡献突出。英国人则把
帕拉蒂奥的古典主义应用在公共建筑和商业建筑上,并且在这
些建筑的相互关系、布局和空间处理上体现了"上帝、君主、国
家"三位一体的思想。他们在吉隆坡兴建的一系列政府大楼和
公共建筑中引入了北非的"摩尔风格"②,其现在依然是马来西
亚民族建筑的典范。20 世纪 30 年代初,由于在马来西亚从业
的建筑师多数是在英国接受教育的英国建筑师,而部分马来西
亚籍建筑师也是在欧洲接受建筑教育后回国从业的,他们把欧

---

　　① 　骑楼是城镇沿街建筑,上楼下廊。骑楼下廊,即人行道,又称"五
脚基",既是居室(或店面)的外廊,又是室内外的过渡空间,起着遮阳防雨
的作用,因此在东南亚十分风靡,在我国海南、福建、广东、广西等沿海侨
乡也有这样的南洋风情建筑。
　　② 　摩尔风格由 19 世纪后的英国殖民者引入,是一种在马格里布和
伊比利亚半岛生活的摩尔人的建筑文化传统,同时也是伊斯兰建筑风格
的一种。

洲的建筑设计理念带到了马来西亚,在现代马来西亚建筑中延伸了殖民文化的特点。

比起前两者,宗教文化对马来西亚的浸润最为持久和深远。马来西亚半数以上人口信仰伊斯兰教,清真寺在马来西亚人的生活中占据着非常重要的地位。伊斯兰教的传入是在14—15世纪,早期的清真寺与19世纪以后完全转向"摩尔风格"不同,受到了不同民族的影响。由于马来西亚的伊斯兰教是从印尼传过来的,所以受到了印尼伊斯兰教建筑的影响,吉兰丹州17世纪建造的康朴劳清真寺在形式上就与德马克清真寺非常接近。这一时期清真寺的共同特点就是正方形布局,攒尖重檐屋顶,镂空的墙板上刻画着精美的图案,装饰图案以几何和文字为主。国油双塔正属此类,可见伊斯兰文化特征在现代高层建筑中都有所表现——特有的空间模式、门窗洞口的处理手法、细部装饰以及色彩等,吉隆坡的达亚布米中心用的也是伊斯兰传统花格窗。

马来西亚历史赋予了建筑形态丰富多彩的生命力,在多元文化漫长的兼收并蓄中,马来西亚现代建筑师们开始更关注如何展现这一独有的文化魅力。

位于首都吉隆坡市中心的伊斯兰法院,其建筑就力图在设计上实现现代性与伊斯兰传统之间的对话。设计者不仅参考了泛伊斯兰建筑物的外立面特点,而且对伊斯兰的深层文化意识领悟透彻,并将之与现代法院建筑的特点巧妙地结合在一起。首先在平面布局上采取了封闭内向的布置方式,并随坡就势保留了原有的地貌,将这组包括法院、博物馆、图书馆、高层办公楼等4万多平方米的建筑群依山围合成一个较封闭的台地广场,以表达内向、顺从的伊斯兰传统意识,强调矛盾的调和、消融。此外,建筑布局和立面处理的外实内虚符合热带气候的需要,使室内保持良好的通风。内院中雕花装饰的拱廊、亭子提供了蔽荫场所。主立面入口处的对称格局,内部广场的层层有节奏感的大台阶,窗饰、铺地的有规律的几何纹样,以及拱廊、拱窗的强烈韵律感则试图从深层意义上阐释有着严厉的清规戒律的宗教制度中民族意识的专一性、同一性,并将之与法院建筑的庄严感、法律的神圣感融合在一起且有机地表现出来。

不仅是具有现代功能的建筑被赋予文化的意义,像清真寺这样的有传统内容和严格约束的宗教建筑同样也在现代技术条件下不断创新和发展。马来西亚国家清真寺的设计就是典型的例子。其建筑形制与一般清真寺基本相同,但建筑基本开敞,内院亦由敞廊围合,开敞而不喧闹,使空气得以流通。其在结构形式上没有沿用传统的穹顶和拱券,而是选用了富有韵律的折板结构。大小礼拜堂的屋顶形式犹如半打开的折伞,只不过大的以柱子托起,小的直接落在地面上。在大礼拜堂内,圣坛被林立的柱子所遮挡,视觉上带来无穷尽之感,屋顶板缝间洒下的充满神秘感的蓝光与开敞的充满阳光的内院形成对比。水池、喷泉、绿树,则隐喻伊斯兰教徒对《古兰经》中描述的天堂——一个宁静而充满树荫、流水的和平之地的向往。

这些代表性建筑,无不将文化深植于地域气候和历史中,建筑师在设计中对气候、生态条件,以及人们的潜在意识有着敏锐的洞察力,并据此提出创造性想法。

马来西亚现代建筑设计中最值得称道的是对传统遮阳措施的发挥。在热带强烈的阳光下,遮阳构件以其特有的充满节奏感的形式赋予建筑丰富的层次和优美的韵律。新建的马来西亚议会大厦就是这种将地域气候特点与文化融合起来的优秀案例。这座建筑在气质上展现伊斯兰建筑端庄典雅的风范:

白色的建筑被浓绿的树木所环绕,裙房部分低缓舒展,高层办公楼则挺拔秀丽,犹如清真寺中高高的尖塔,裙房中部凸起的片片白帆状造型使整体轮廓具有现代建筑的均衡感。最具特色的还是这座建筑的立面和剖面处理,所有的外墙都向里退缩,外部的遮阳构件连成一个网状体,使整个建筑像镂空的象牙雕刻般剔透轻盈,在遮阳的同时,使现代构件蕴含着古典装饰意味。

另外,马来西亚的住宅和一些小型建筑似乎更多地吸收了干栏式建筑的特点,因为这种建筑形式本身就是从生活实践中衍生出来的,自然更适宜这里的环境与气候。此外,马来西亚的过街天桥、高速公路上的拱门等,在设计上也吸收了传统元素,增强了城市的可识别性。

文化影响人的活动方式,进而映射到建筑的形态上。东南亚地区由于自古以来受到印度、中国、欧美和阿拉伯文化等方面的影响,东方和西方的价值观念俱存,其文化一直呈现多元并存的特征。百余年来,这些文化相互冲突、交流与融合,生活中的建筑形态在这些文化的交融过程中产生变化,随着文化传递者的不同而产生差异。马来西亚在此文化交流中显露自我独特的色彩,以多面貌的建筑形态展示特有的文化与魅力。

终有一天,一个又一个建筑巅峰之作会横空出世,世界之最的数字会被不断刷新,媒体关注所带来流量也会慢慢消失,建筑会恢复其本身的社会价值。马来西亚的建筑设计既不固守狭隘的地域性,也没有完全追随国际潮流,而是将地域文化与外来文化有机交融,现代智慧与传统技术兼收并蓄,从而绽放出建筑形态与自然气候、人文精神相互交融的绚丽光彩,成为留世之经典。

小有遗憾的羽毛球"一哥"

　　如果要说马来西亚华人最多的地方,可能非槟城莫属。槟城的华人不仅人数众多,而且人才辈出。他们不仅活跃在马来西亚的商界政坛,也活跃在学界体坛,其中不乏我们耳熟能详的名字。

　　将时间倒退到 2019 年 6 月 13 日,对于世界羽坛来说,这一天注定是一个不平凡的日子——马来西亚羽坛英雄李宗伟正式宣布退役。在自己奋斗了 20 年的事业和身体健康之间,这个 37 岁的男人,最终含泪选择了后者。2018 年 9 月,李宗伟被确诊为鼻咽癌,好在发现后得到及时治疗,病情得以控制。已是两个孩子父亲的李宗伟,为了家人和健康,他选择离开赛场,但他的英雄故事永不落幕。①

2014 年 5 月,黄惠康大使向李宗伟颁发中马建交 40 周年友谊纪念章

　　毫无疑问,李宗伟是马来西亚羽毛球界乃至马来西亚体育

---

　　①　麦延:《宗伟说再见　传奇不落幕》,《羽毛球》2019 年第 7 期,第 58—61 页。

界的旗帜性人物,因为他曾连续348周(近7年)占据羽毛球男单世界排名第一宝座。据统计,他在职业生涯中已拥有705场胜利、69个世界羽联赛事的冠军头衔,他曾三夺奥运银牌,三夺世锦赛银牌,四夺全英冠军,他还著有自传书籍《败者为王》……李宗伟职业生涯留下的辉煌纪录,使他成为马来西亚羽坛当之无愧的"一哥"。他从1998年第一次在马来西亚羽毛球公开赛亮相,到2018年夺得第12个马来西亚羽毛球公开赛冠军,已足足在世界羽坛活跃了20年。

　　李宗伟祖籍福建,祖父母当年为了生计南下,并扎根于马来西亚槟城。李宗伟是家里最小的孩子,从小热爱运动,曾为了长高热衷于打篮球,但因母亲担心其晒得太黑而中断,后机缘巧合下随父亲来到了羽毛球馆。少年时期的李宗伟在第一次接触羽毛球后,便对这项运动着了迷。虽然遭到家人极力反对,但和大多数小男孩一样,他常背着父母跑去打球。李宗伟小时候家境贫穷,球馆又离家很远,他买不起公交车票,不得不步行前往球馆,常常走一天就换来几十分钟的打球时间。就这样,他基本坚持每周两三次练习。

　　孟子曰:"天将降大任于斯人也,必先苦其心志,劳其筋骨,饿其体肤,空乏其身……"李宗伟的坚持终于感动了他的父亲,父亲开始支持他的梦想,于是他几乎每天都坚持打球。在经历了重重磨难后,他靠着不断挑战自我的精神,终于在17岁的时候爆冷站上了马来西亚全国羽毛球锦标赛冠军领奖台,人们开始记住这个名字——李宗伟。此次夺冠也正式拉开了他"羽坛一哥"征程的序幕。2005年,李宗伟先后拿下了世界羽毛球锦标赛男单季军、马来西亚羽毛球公开赛男单冠军等奖项,以优异成绩逐渐取代前辈黄综翰,成为马来西亚羽毛球男单"一哥"。2006年1月,李宗伟成为自1980年设立官方排名以来,马来西亚历史上第三位世界排名第一的男单选手①。

竞技场上没有永远的冠军,李宗伟也不例外。在 2005 年拿到马来西亚"一哥"称号之后,气势如虹的李宗伟在 2006 年第 15 届马德里羽毛球世锦赛上,在四分之一决赛中惨败于中国选手鲍春来。赛后他一度低迷不振,但很快调整了状态,在 2007 年 5 月两人再次交手时以 4∶0 完胜,并再次获得冠军。人们为之欢呼的同时也感受到他付出的巨大努力。

如果说和鲍春来的对战点燃了李宗伟的斗志,那么和林丹的"瑜亮"之争,是他们二人乃至全世界羽毛球运动爱好者,共同书写的羽坛传奇故事。在竞技中,人们看到的不只是两个国家或两位选手间的荣誉之战,还有对运动精神的极致演绎。赛场上的跌宕起伏,无不牵动着每一位球迷的心,每一次鼓掌和呐喊,表达的是对选手的敬意,也是对拼搏者的共鸣。

林丹和李宗伟,一个是双圈全满贯(即将奥运会、世锦赛、世界杯等所有世界大赛冠军都拿过两遍),一个是公开赛冠军王(登上男单世界排名第一宝座 348 周),两人交战 15 年共打了 40 场比赛,给全世界球迷带来了数场巅峰对决。

外行看输赢,内行看技术。体育界人士常常观摩比赛录像,将林丹(中国)、李宗伟(马来西亚)、皮特·盖德(丹麦)、陶菲克(印尼)、谌龙(中国)、约根森(丹麦)等世界优秀羽毛球选手的技术进行精细对比,了解他们在杀球、防守、控网甚至心理素质和身体素质上的优劣之处并进行借鉴,从而提高自身竞技水平。李宗伟在赛场上展现出的一流技术水平及极具威胁的杀球能力,固然值得后辈们学习,然而高手对战时,他的高稳定性往往成为其制胜关键。

---

① 另两位为大马前羽毛球国手拉希德·西德克与罗斯林·哈欣。

都说李宗伟是奥运悲情英雄,2016 年里约奥运会羽毛球男单半决赛中,他以 15∶21、21∶11、22∶20 战胜林丹,这是他首次在重大国际赛事的个人赛中战胜这个"宿敌"。比赛结束后,两人交换了球衣,并且在网前深情拥抱。散场时,林丹带领全场为李宗伟鼓掌。但决赛中李宗伟再次惜败,以两分之差与奥运会冠军擦肩而过。

中国羽毛球运动员林丹和马来西亚羽毛球运动员李宗伟在里约奥运会羽毛球男单半决赛后拥抱致意①

2019 年,李宗伟宣布退役,林丹在微博上分享了歌曲《朋友别哭》并写道:"独自上场,没人陪我了。"2020 年,林丹也因身体原因宣布退役,李宗伟发微博表示:"林丹是我最伟大的对手,三缺一很久了(指世界羽坛四大名将中除林丹外的其他三人都退役了),为你骄傲。"两人的互动中,不仅有赛场上的硝烟,更

---

①　图片网址 http://my. chineseembassy. org/chn/zmgx/t1880672. htm。

有英雄惺惺相惜的珍贵友情。尽管我们已无法在接下来的国际赛场上看到他们的身影,但他们的精神会激励更多体坛小将奋力拼搏。

对于马来西亚来说,羽坛不只有李宗伟时代,羽毛球一直都是马来西亚在国际上有优势的体育项目之一。早期有黄秉璇(后为新加坡选手),他是第一位获得全英公开赛冠军的亚洲人;20世纪90年代西德克三兄弟在男子羽坛叱咤风云;至2016年里约奥运会,除李宗伟贡献了三枚银牌外,吴蔚昇与陈蔚强组成的双"蔚"组合,以及吴柳莹和陈炳顺组成的混双组合,均获得了银牌。这两个组合曾分别列居世界羽联排行榜男双第一和混双第三。但是自李宗伟退役后,这些组合也面临团队解散甚至成员单飞等困境。马来西亚羽毛球新"一哥"花落谁家尚不可知。

2020年2月20日,据《东方日报》《诗华日报》等马来西亚当地媒体消息,马来西亚青年体育部部长赛·沙迪(Syed Saddiq)在主持由马来西亚国家体育理事会和体育最高理事会出席的"2020东京奥运之路计划"特别会议后对外公布①:政府将特别拨出2250万林吉特(约合人民币3375万元)给9个运动项目做备战资金,以激励运动健儿在东京奥运会上冲击马来西亚史上首枚奥运金牌。在已获准政府拨款的9个项目中,场地自行车获批8378654林吉特,金额排名第一(占37.2%);排名第二和第三的分别是羽毛球(6454644林吉特,占28.7%)和跳水(2323806林吉特,占10.3%);剩余6个项目(依次是帆船约196万林吉特、射箭约94万林吉特、高尔夫球约73万林吉

---

① 《3700万拿下奥运金牌? 马来西亚拨款给这9项目,含羽毛球、跳水》,https://daydaynews.cc/zh-hans/sports/376632.html。

特、体操约 64 万林吉特、空手道约 58 万林吉特和游泳约 47 万林吉特)共获得 23.8% 的备战金。新闻似乎暗示了国家对于此次参赛项目的赢面分析,或许也体现出李宗伟退役后国人对羽毛球项目的信心不足。

除了羽毛球,马来西亚的体育竞技主要有哪些优势的项目呢?

根据马来西亚在历届亚运会中的表现,其自第 3 届开始参赛后,获奖次数不断增多,至第 15 届多哈亚运会取得巅峰成绩(共获得 8 金、17 银、17 铜,合计 42 块奖牌,其中金牌获得情况为保龄球 3、羽毛球 1、武术 1、帆船 1、壁球 2)之后一直处在比较稳定的水平。从夺金项目来看,除壁球、羽毛球等传统夺金项目外,空手道、保龄球、帆船项目也多次斩金,自行车、藤球项目在近年亚运会中曾出现黑马,但从奖牌总数以及金牌数来看,马来西亚的战绩确实令人不够满意。相关媒体猜测,这也可能是马来西亚申办 2006 年亚运会失利的原因之一。之后,马来西亚因办赛经费高昂又再次放弃申办 2010 年亚运会。至今,马来西亚依然是未成功申办亚运会的亚洲国家之一。如今亚运会的主办城市申报渐呈负竞争之势,早在申办 2010 年亚运时,马来西亚吉隆坡、约旦安曼和韩国大邱就已先后提出弃权;2014 年,越南总理阮晋勇宣布放弃将于 2019 年 11 月在越南首都河内举行的第 18 届亚运会的主办权,由印尼雅加达接棒;而 2022 年亚运会仅中国杭州申办。从某个角度来说,国际赛事的主动申办和成功举办能展示一个国家在政治、经济、文化等方面的综合实力,这种半途而废甚至得而弃之的行为,或许是国家在多方考虑下的保守权衡,但其本身与体育精神是相背离的。

相比亚运会,奥运会更是世界各国运动员登台亮相的盛会。其既是运动员间的比拼,也是各国政治和经济实力的较量,奖牌的分量远比其本身要重得多。2020 年 3 月方上任马来西亚青年体育部部长的拿督斯里利查马力肯在接受采访时,表示马来西亚迫切希望能在东京奥运会上获得历史上的第一枚金牌。毕竟周边的新加坡、越南、印尼和泰国都已有斩金记录,马来西亚对金牌的渴望不言而喻。2021 年 8 月 8 日,第 32 届东京奥运会落幕,被马来西亚寄予厚望的羽毛球和自行车项目最终只获得 1 枚银牌和 1 枚铜牌。

据了解,自 1964 年首次参加奥运会以来,马来西亚共收获 8 枚银牌和 5 枚铜牌,主要由羽毛球和跳水项目贡献。在此次东京奥运会举办前,相信每一个马来西亚人都在期待着羽坛新"一哥"的诞生,期待着打破金牌荒那一刻。正如李宗伟在社交平台上写下的:"很多人问我,退役之后还有什么梦想?我说,虽然我没有在前线冲锋陷阵,但我依旧想为羽坛做些什么;虽然我没有在奥运会拿到金牌,但我很希望其他运动员能在 2020 年奥运会①,甚至未来为我实现这个梦想。"

---

　　①　奥运会因疫情延期 1 年,实际举办时间为 2021 年。

下篇

马来西亚与中国

老苏丹的西湖情结

　　自 1974 年中马建交以来,中马两国保持经常性互访。从邓小平以开始,中国历任国家主席和总理,在任期内都曾到马来西亚访问。

　　而马来西亚自 1974 年第二任总理拉扎克率团访华并签署建交联合公报后,与中国一直保持友好往来。第三任总理胡先翁(马来西亚外交部原部长希沙姆丁的父亲)曾于 1979 年 5 月访华。第四任总理马哈蒂尔在 1981—2003 年担任总理期间曾7 次访问中国,2018 年当选第 7 任总理后又连续 2 次来华,使中马关系更上一层楼。第五任总理巴达维,曾分别在 2004 年和 2009 年访问中国。第六任总理纳吉布也曾 7 次访问中国。

　　两国高层领导人的互访将中马关系提升至新高度。而在历任大马最高元首中,与中国有着不解之缘的,不得不提老苏丹哈利姆。

　　马来西亚前最高元首、吉打州苏丹阿卜杜勒·哈利姆·穆阿扎姆·沙阿(1927—2017),早年就读于苏丹阿都·哈米德学院,后赴英国牛津大学伍德翰姆学院学习,获社会科学和公共管理学士学位。1958 年 7 月,哈利姆登基成为马来西亚吉打州第二十七任苏丹,并于 1970—1975 年、2011—2016 年担任国家最高元首,系马来西亚历史上首位两次担任最高元首的苏丹,是马来西亚最为德高望重的老苏丹。

　　此外,老苏丹哈利姆还是中马关系走过深化互信、互利合作的"黄金40年"的见证者和重要贡献者。1974年,在其担任最高元首期间,中国与马来西亚建交。2014年,在中马两国庆祝建交40周年之际,马来西亚第十四任最高元首哈利姆在他87岁时对华进行国事访问。

习近平主席在北京会见了这位中国的老朋友,并回忆起2013年两人在马来西亚的会面,他对这位老元首推动和见证了中马关系的发展表示了真切的感谢,哈利姆的此次回访成为中马建交40周年庆典的高潮。

在此次对华国事访问日程中,哈利姆还携夫人哈米娜来到了中国的诗画之城——杭州。时任浙江省委书记、省人大常委会主任夏宝龙在西子湖畔会见了哈利姆一行。

时任浙江省委书记夏宝龙在杭州会见马来西亚最高元首哈利姆

2014年,浙江与马来西亚的贸易总量已突破56.4亿美元,马来西亚在浙江投资达到3.5亿美元,双方经贸往来频繁,取得了良好的发展基础,且两地经贸合作互补性强,发展空间还很大。哈利姆此次来杭,对推动浙江与马来西亚经贸往来、实现合作共赢有着非凡的意义。

　　有缘千里来相会。值中国传统佳节中秋节到来之际,时任浙江省委书记夏宝龙对马来西亚最高元首哈利姆一行到访浙江表示热烈欢迎,并向其具体介绍了浙江省情,并对未来浙江与马来西亚的合作发展表达了殷殷期望。

时任浙江省委书记夏宝龙对哈利姆一行的到访表示热烈欢迎

　　都说要充分了解一个城市的风土人情,一定要去最热闹的地方看看。离开会客厅,老苏丹又会去哪感受杭州文化呢?

　　在随行人员的陪同下,老苏丹首站便去了商业街区。杭州是众人皆知的购物天堂,早在 2011 年,杭州就已经有 7 条国家级特色商业街。据工作人员回忆,87 岁老苏丹这购物的劲头可一点也不逊于年轻人,他在杭州丝绸市场颇有“扫货”之范,丝巾、布料……件件细细挑选。认真购物的老苏丹着实可爱。

　　离开丝绸市场后,他接着转战杭州河坊街。河坊街旧称清河坊,因有清河郡王府在此而得名。与丝绸市场不同,此处并非单纯的商业街区。河坊街于 2002 年 10 月开街,改建后的河坊街体现了清末民初风貌,营造出以商业、药业、建筑等为主体的市井文化,保持了历史的真实性、文化的延续性和风貌的整体性,是中外游客必打卡之处。沿街有孔凤春香粉店、张小泉剪刀店等老字号店铺和胡庆余堂、保和堂、方回春堂、叶种德堂等百年药铺,方便购买王星记扇等杭州特色工艺品。不长的街道上还有不少传统小吃摊,如定胜糕、葱包桧、臭豆腐、油酥饼等,是一条集历史文化和现代商业于一体的特色街区。

老苏丹哈利姆在各个店铺、展馆流连忘返,看看这个,尝尝那个,遇见感兴趣的,停步驻留,再与随行人员交流几句,乏了累了便找一家清真餐馆歇息。这家餐馆至今仍在。低调的餐厅主人一直用良好口碑吸引着众多清真美食爱好者,若有闲情逸致,或许餐厅主人会和你说上一段当年与老苏丹的故事。

来杭州必不可错过西湖。哈利姆乘船游湖,与游船主人攀谈,聊至兴处,获赠一元纸质人民币。虽币值不高,但上面印有杭州三潭印月,这令哈

哈利姆游览河坊街

利姆甚为欢喜,也更深切感受到了杭州人民的纯朴和热情。

老苏丹哈利姆的一日游行程可谓非常紧凑,晚上他还观看了《印象西湖》实景演出。在岳湖之畔、月圆之际,这场高水准的艺术盛宴将杭州的千年历史和山光水色永远留在哈利姆夫妇的记忆中,也为他们此次杭州之行画上圆满的句号。老苏丹此次杭州亲民之行,让杭州旅游多了一位国际代言大咖,更是让世人了解了为何哈利姆会成为备受马来西亚民众爱戴的元首。

一元人民币（纸币）背面

　　此次系哈利姆首次正式访华，对纪念中马建交 40 周年有着重要意义。为纪念这一历史性访问，中国集邮总公司特发行纪念封一枚。老苏丹哈利姆与中国驻马来西亚大使黄惠康在杭州共同出席了纪念封发行仪式。哈利姆在纪念封上题词祝贺马中建交 40 周年，并郑重签名，表示发行纪念封彰显了中马两国之间的深情厚谊，将作为此次访问的重要组成部分载入史册。至今，黄惠康先生还保留着这张弥足珍贵的照片。

马来西亚最高元首哈利姆与黄惠康大使在杭州共同出席中马友好纪念封发行仪式

　　此次浙江之行，哈利姆对浙江经济、社会及文化有了一次深度体验，留下了深刻的印象。他在离别之际向时任浙江省委书记夏宝龙发出了邀请,期待能在吉隆坡再次相会。

中国古话有云,来而不往非礼也。

2015 年 4 月 18 日,由浙江省委书记、省人大常委会主任夏宝龙率领的浙江省代表团①,如约来到马来西亚进行友好回访,时任中国驻马来西亚大使黄惠康全程陪同。夏宝龙书记也成为迄今访问过马来西亚的浙江省最高级别的行政长官。黄惠康先生在本书编写时,依然能回忆起浙江省代表团这四天三晚大马行的诸多趣事。

因计划有变,夏宝龙书记未能如愿见到老苏丹哈利姆,正略觉遗憾时,刚从哈萨克斯坦访问归来的马来西亚上议院议长阿布·扎哈不顾旅途劳顿,立即安排了会见。

时任浙江省委书记夏宝龙先后会见马来西亚上议院议长阿布·扎哈、马华公会总会长廖中莱以及马来西亚总理对华事务特使黄家定（从左到右）

阿布·扎哈表示中国是马来西亚真诚的伙伴,马中关系正处于历史最好时期,他本人曾多次访问中国,同多位中国领导人结下友谊,对中国取得的发展进步表现由衷钦佩。他还提到将于 2015 年 5 月上旬率上议员代表团再次访华,期待同中方领导人就两国关系、议会交流、地方合作等深入交换意见。双方都期待下一次在中国相见。

---

① 浙江新闻网,https://zj.zjol.com.cn/news/90534.html? from＝groupmessage&isappinstalled＝0。

马来西亚总理对华事务特使黄家定在会见中介绍了马来西亚的经济情况，并提出其经商环境在亚洲仅次于新加坡和中国香港，所以他呼吁浙江企业家能够走进马来西亚，将马来西亚作为进入东盟的"桥头堡"，拓展东盟 6 亿人口的大市场。他也希望浙江和马来西亚的企业家能够精诚合作，更积极地推进经贸交流，将马中贸易额推至另一高峰，共谋福祉。

夏宝龙书记诚恳地表达了浙江愿意发挥自身优势，本着干在实处、走在前列的精神，为建设"21 世纪海上丝绸之路"、推动周边外交提供开拓性服务，为加深中马两国友谊、促进交流合作贡献应有的力量。

阿布·扎哈、廖中莱、黄家定等希望以此次访问为契机，进一步密切马来西亚与浙江的经贸往来和民间交流，加强人文、教育、旅游等领域的全方位合作，使各方面交流合作只进不退，实现更高层次的合作共赢。

"干在实处永无止境，走在前列要谋新篇，勇立潮头方显担当"是习近平总书记对浙江的期望，也是浙江一直在努力践行的目标。

2015 年 4 月 21 日上午，2015 年中国浙江—马来西亚投资贸易洽谈会在吉隆坡开幕。浙江省委书记夏宝龙、马来西亚总理对华事务特使黄家定、中国驻马大使黄惠康、马来西亚贸工部副部长李志亮、马来西亚中华总商会署理总会长戴良业以及浙江贸促会负责人等出席了该会议。

在洽谈会上，夏宝龙书记的经典开场白"我是乘马航来的"，在 2014 年 3 月 8 日马航 MH370 失联事件的背景下，瞬间感动了在场众人。

夏宝龙书记在致辞时说道："浙江省与马来西亚的人文、经贸交流源远流长，已有 2000 多年的历史。近年来，随着中国和东盟关系快速发展,浙江省与马来西亚的经贸联系更加密切。我们要紧紧抓住建设'21世纪海上丝绸之路'的历史机遇,在更高的层次、更广的领域、更深的深度、更大的平台上展开合作,共同建设合作之路、繁荣之路。真诚希望马来西亚政府和企业加大对浙江市场的开拓力度,积极扩大对浙江的出口和投资,真诚欢迎马来西亚各界人士到浙江考察、访问和投资,进一步加深了解、增进友谊、深化合作。同时,我们也将鼓励更多的浙江企业积极参与'21世纪海上丝绸之路'建设,走进马来西亚投资设厂,为马来西亚经济发展做出贡献,推进两地多领域、深层次的互惠合作,实现更高水平的互利共赢。"

有300余位浙马工商界人士参加洽谈会,其中浙江省物产集团、建设投资集团、国际贸易集团等40余家浙江企业的近百名代表就商贸物流、基础建设、国际旅游、新能源新材料、农产品加工等行业的投资与贸易合作项目与马方进行洽谈。

2015年中国浙江—马来西亚投资贸易洽谈会

浙江不仅在经济上起着重要窗口作用,在文化教育上也是领头雁,浙江文化在马来西亚也要大步走出去。

夏宝龙书记此行还出席了吉隆坡国际书展开幕式,会见了马来西亚教育部副部长叶娟呈;黄惠康大使、浙江省教育厅厅长刘希平、浙江省外事侨务办公室主任金永辉、浙江省政府办公厅副主任吴伟平及马来西亚教育部有关司局负责人出席开幕式并陪同会见。双方表示要加快推进在文化、教育等领域的务实交流合作。

夏宝龙、叶娟呈等共同见证了浙江向马方赠书仪式和浙马合作出版签约仪式,由浙江出版联合集团与马来西亚语文局、国家书籍与翻译局、城市书苑签署出版合作协议。浙江出版联合集团还向马来西亚20所中小学及5所大学,赠送了全套360卷的"浙江文丛"等价值共计100万元的图书,共建"新丝路书屋"。

夏宝龙书记在黄惠康大使的陪同下参观了浙江图书文化展,勉励浙江出版界做好图书推广工作,讲好中国故事,当好中外交流的友好使者。

时任浙江省委书记夏宝龙参观浙江图书文化展

而在刚刚落幕的吉隆坡国际书展版权贸易展上,浙版图书完成了一次大的综合性展示。浙江出版联合集团设立了300平方米的展馆,展示了2000多种浙版精品图书;一批与马来西亚出版社合作出版的新书在书展上首发;与马来西亚出版界签署了50余项合作出版和版权贸易协议,还与印度尼西亚等国的出版社达成了一批印尼语版图书的版权贸易协议。浙江出版联合集团将以马来西亚为基地,逐步向东南亚国家辐射,开拓"丝路书香工程"东南亚板块。本次参展是浙江出版丝路行的第一站,是浙江出版联合集团实施"丝路书香工程"的第一个系列工程。此外,浙江出版联合集团还就博库书城及网站在马来西亚落地项目、儿童有声图书及动画片项目、建立本土化出版机构等与马来西亚相关机构达成合作意向。

书中自有思乡情。大家发现马来西亚华文学校使用的小学教材,是来自浙江教育出版社时,十分惊喜,为两地儿童能够"用同一教材、学中华文化"而感动。

离开书展,夏宝龙书记立刻变身为"浙江旅游代言人"。4月21日下午,浙江旅游交流和推广团走进马来西亚。就在当天,吉隆坡全城突然冒出来很多绘有"诗画浙江"形象主题的旅游大巴。原来这一天是"诗画浙江"吉隆坡公交车形象广告正式发布的日子,浙江省委书记夏宝龙、马来西亚总理对华事务特使黄家定、中国驻马来西亚大使黄惠康、马来西亚全国旅行社协会主席 Haji Hamzah、马来西亚旅游局国际旅游推广部主任 Nor Aznan 等出席了发布仪式,夏宝龙书记亲自启动了公交车发车仪式。

当晚,2015 年浙江旅游推介会在吉隆坡 JW 万豪酒店隆重举行,浙江省旅游局局长赵金勇、马来西亚华人旅游公会总秘书长戴宏锦先后致辞。在此次旅游推介会上,来自浙江的 8 家旅行社分别与马来西亚合作伙伴签订了合作协议,这些合作伙伴在未来 3 年将为浙江输送超过 22 万人次的游客。

夏宝龙书记亲自启动"诗画浙江"吉隆坡公交车发车仪式

　　浙江位处中国黄金三角洲——长江三角洲南翼,东临万顷碧海,北与上海相邻,是中国沿海最开放、经济最发达的省份之一。在这片土地上,分布着众多的历史文化遗存,更聚集了无数大自然的神奇造化。7000 多年前的河姆渡文化和5000 多年前的良渚文化,使浙江成为中华文明的发祥地之一;举世闻名的京杭大运河流经杭州,孕育出运河两岸丰富又独具魅力的文化风貌。厚重的历史涵养了浙江山水的灵气,无论是江河湖溪还是高峰低岭,浙江的青山绿水都自有一番别样的风采。"诗画浙江"的独特魅力,每年都吸引着世界各地的旅游者纷至沓来,马来西亚民众对"诗画浙江"同样情有独钟。2014 年赴浙江旅游的马来西亚游客达 25.7 万人次,而此次以"诗画浙江"为主题的旅游推介会,必会使马来西亚人民对浙江又多了一分向往。

　　浙江代表团此行日程密集,成果丰硕,颇为遗憾的是未能如愿回访老苏丹哈利姆。人生难料,未承想西湖一别即成永诀。2017 年 9 月 11 日,哈利姆去世,享年 89 岁。黄惠康大使出席了马来西亚前最高元首、吉打州苏丹哈利姆遗体告别仪式,送这位中国人民的老朋友最后一程。黄大使代表中国政府和人民,向吉打州皇室成员、马来西亚政府及人民致以最深切的哀悼,表示中国人民会永远怀念苏丹哈利姆,而中马友谊也会地久天长。

事实上,浙江与马来西亚一直保持着良好的互访往来。早在 1979 年,马来西亚第三任总理胡先翁在访华时就曾来到杭州,其间还游览了杭州十景之一的花港观鱼。2013 年 6 月 7 日,浙江省委书记、省人大常委会主任夏宝龙在宁波会见前来出席第 15 届浙洽会、第 12 届消博会的马来西亚前总理马哈蒂尔一行。2016 年 11 月 25 日,浙江省副省长梁黎明会见马来西亚马六甲州元首卡里尔、首席部长依德利斯一行。

令人兴奋的是,2019 年 9 月 20 日,马来西亚沙巴州首府哥打基纳巴卢(简称“哥市”)正式成为杭州市国际友好城市(市级)。这也是杭州自 1979 年日本岐阜市后结成的第 31 个国际友好城市[①],我国西安也同为哥市国际友好城市。

沙巴(Sabah)是马来西亚的第二大州,位于世界第三大岛婆罗洲的北端,以前被称为北婆罗洲(North Borneo),西岸面临南中国海,东濒苏禄海和西里伯斯海,面积 74500 平方千米,海岸线长达 1440 千米,地处赤道以北 4°—8°间。

沙巴素有“风下之乡”(Land Below the Wind)的浪漫美誉,原因是沙巴位于台风带下面,不受台风和其他天灾(如地震、海啸)的影响。沙巴保存着最美好的自然风光,踏着软细的沙滩,投入蓝天碧海的怀抱;沿路步入充满传说的山林,初来乍到,你绝对会惊讶于眼前的满目清新,体会到绝世的自然美景。山高海深的沙巴,是天造地设的大自然宝库,绝对值得一观。

“风下之乡”作为马来西亚东部度假胜地沙巴的别称,源自

---

① 杭州市人民政府外事办公室官网,http://fao. hangzhou. gov. cn/col/col1693392/index. html? key。

美国作家艾格尼斯·凯斯的自传式随笔《风下之乡》。在这本书中,艾格尼斯用生动的笔触描绘了 20 世纪 30 年代的南洋生活和土著逸事。20 世纪 30 年代,艾格尼斯随夫远行,来到婆罗洲首府山打根,开始在此地为期 5 年的生活。艾格尼斯的丈夫哈里当时担任英国北婆罗洲林业长官。书中描述了他们在山打根的日常生活,以及跋涉丛林、在南洋诸岛探险的故事。

2015 年,马来西亚驻南宁总领事馆、中国驻槟城总领事馆和中国驻哥打基纳巴卢总领事馆分别开馆。自此中国在马来西亚古晋、哥打基纳巴卢和槟城均设有总领馆,而马来西亚在中国上海、广州、昆明、南宁、西安和香港也都设有总领馆。2016 年 3 月,马来西亚实施电子签证和免签计划,为中国游客赴马打开了大门,赴马中国游客人数大幅增长。

2016 年 11 月 14 日,在中国驻马来西亚大使黄惠康、中国驻哥打基纳巴卢总领事馆总领事陈佩洁的共同助力下,杭州市人大常委会主任王金财应邀访问哥市,并签署了杭州与哥市友好合作备忘录。以 G20 杭州峰会为基础,充分发挥地方外事资源优势,杭州与马来西亚沙巴广泛开展民间交流,积极参与"一带一路"建设服务总体外交;通过发挥后峰会效应,在继续做好"家门口看世界""走出去看世界"等品牌活动的同时,积极探索新的民间交流合作形式,积极践行"走出去"战略,赴马来西亚沙巴州参加马中联谊会成立 5 周年庆典活动等,共同创建国际友城发展共同体。

中国驻哥打基纳巴卢总领事馆总领事陈佩洁（左二）参加杭州与
哥市签署友好合作备忘录仪式

　　如今，老苏丹哈利姆在杭州的往事已成佳话。未来，在中
马两国政府的共同努力下，中马友好关系将开启更辉煌的新
篇章。

　　（本文相关图文资料由黄惠康大使和浙江省人民对外友好
协会提供）

中国大使的 **1380** 天

2014年1月8日，怀揣习近平主席签发的国书，带着中国政府和人民的嘱托，我飞抵吉隆坡出任第十四任中国驻马来西亚特命全权大使。2017年11月1日，任期结束，返抵北京。出使马来西亚的1380个日日夜夜，弹指瞬间，但历史有痕，心声难忘。

黄惠康大使向马来西亚最高元首哈利姆递交国书

马来西亚享有"亚洲魅力所在"的美誉，是古代海上丝绸之路的重要节点，与中国有着绵延千年的深厚渊源；是东盟成员国中较早与中国建交的国家，与中国有着友好互信的政治传承；是700多万华人扎根生活的热土，与中国有着得天独厚的人文纽带。

2000 多年前,中马两国人民已开始友好交往。中国唐宋以来各代史籍对马来半岛均有记载。唐朝义净法师南渡至马来半岛,留下珍贵史料,将马来西亚有文字记载的历史提前了 700 多年。15 世纪中国明朝与马六甲王国关系密切,郑和七下西洋曾至少五次驻节马六甲,在加深两国人民友谊的同时,更有力维护了周边地区近百年的和平与繁荣,还繁衍了中马血缘相融的峇峇娘惹独特族群。18 世纪以来,大批华人下南洋定居马来西亚,经世代交替,始终与当地人民和谐相处、共存共荣,华人文化传统已与马来西亚历史发展进程深深融合。20 世纪初,孙中山先生曾多次到马来半岛筹集经费,得到当地人民慷慨相助。在中国抗战时期,3000 余名马来亚华侨机工回国投身抗战,冒着枪林弹雨为前方将士运输军需物资,为抗日战争胜利做出重要贡献。1949 年中华人民共和国成立后,新中国积极支持马来西亚人民争取民族独立的斗争,并通过香港和新加坡与马来西亚进行民间贸易。1957 年马来西亚独立后,中国表示愿意与马建立友好邦交关系。

20 世纪 70 年代初,中国与马来西亚开启乒乓球外交。在联合国大会有关恢复新中国合法席位的投票中,尚未与中国建交的马来西亚投出宝贵的支持一票。国际形势发生重大变化,对东南亚也产生了重要影响。在东西方冷战的背景下,拉扎克总理以超凡的战略眼光,毅然决定打破坚冰,在东盟国家领导人中率先调整对华政策,于 1974 年 5 月底正式访华,同周恩来总理签署两国建交公报,由此打通了两国世代友好延续千年的血脉联系,为中马关系翻开了新的一页。

20 世纪 90 年代,冷战结束,中国加快改革开放,综合国力大幅提升。中马在交往中加深了相互了解。马哈蒂尔总理在任期间大力推动对华关系,推动东盟开启与中国对话,两国关系进入"蜜月期"。巴达维总理促成中马两国建立战略性合作关系,各领域合作欣欣向荣。2013 年 10 月 3 日,习近平主席开启了对马来西亚的首次国事访问之旅,与纳吉布总理达成重要共识,两国关系提升为"全面战略伙伴",中马友好合作迈入了崭新的历史阶段。

作为第十四任中国驻马大使,我有幸在习近平主席访问后的不到 100 天内出使大马,遵照两国领导人亲手绘就的蓝图推动和落实中马合作,亲历了中马关系的全方位、跨越式发展,见证了两国关系进入历史最好时期,并始终走在中国与东盟国家关系的前列。4 年里,我们两国砥砺奋进、携手同行,不断书写合作共赢的新篇章。两国关系通过政治、经济、人文、安全四轮驱动,驶入成熟稳定、全面发展的快车道。中马友好之树根茂实遂。

自 1974 年建交以来,中马两国历任领导人保持了常来常往的睦邻友好传统,近年来高层互访更加频繁。自习近平主席2013 年访马以来,李克强总理及孙春兰、胡春华、孟建柱、刘延东、许其亮、杨洁篪、王勇等 10 多位中方党、政、军高层陆续访马。高峰期几乎每个月都有省部级以上的代表团访马。马来西亚总理纳吉布 4 年间 5 次访华。马来西亚最高元首哈利姆、上议长扎哈、下议长班迪卡尔、副总理穆希丁以及希沙姆丁、廖中莱等多位内阁部长和州务大臣、首席部长都曾来华访问。2018 年 8 月,上任不久的马来西亚新总理马哈蒂尔对华进行正式访问,重申马来西亚新政府的对华友好政策。两国领导人常来常往,密切沟通,为中马关系的扬帆远行掌舵导航。双方始终坚持相互尊重、彼此信任的相处之道,以朋友的方式讨论管控敏感问题和分歧,防止和抵制外来势力的干扰。两国的情谊在庆祝建交 40 周年的活动中得到升华,在共同应对马航 MH370 客机失联、特大洪灾等挑战中深化。两国领导人多次表示,将中马关系置于各自对外关系最优先的位置,视彼此为可以一起"爬坡过坎"的好邻居、好伙伴、好朋友、好兄弟。高层交往的日益密切,推动政治互信不断加深。

两国建交之初,中马双边贸易额不到 2 亿美元,2002 年首次突破 100 亿美元,2003 年增加到 200 亿美元,10 年后的 2013 年这一数字又翻了 5 倍,首次突破 1000 亿美元,2019 年再创新高,达到 1240 亿美元。自 2009 年起,中国连续 12 年成为马来西亚最大贸易伙伴,马来西亚则是中国在全球的十大贸易伙伴之一。中方始终坚持在平等互利的基础上同马方开展合作,把惠及马来西亚经济民生作为重要目标。中方同意不设限进口马来西亚棕油等大宗出口产品,造福数十万从业者。在净燕(窝)之后,马来西亚毛燕也获准出口中国,可使数以万计的燕农受惠。2016 年,中国首次成为马来西亚制造业最大的外资来源地,并连续多年成为马工程施工总承包最主要的合作方。越来越多中国 500 强企业在马来西亚设立区域总部。中国企业正以其雄厚的资金技术资源、本土化的合作战略、完善的售后服务为马经济发展添砖加瓦。在 2017 年 8 月 9 日举行的东海岸铁路开工仪式上,我亲睹众多当地居民扶老携幼赶来参加,在模拟沙盘旁驻足观看,喜悦之情溢于言表。报名申请参加"中马铁路人才培训班"的队伍排成了长龙。两国务实经济合作亮点纷呈,互联互通方兴未艾。

值得一提的是,马来西亚是最早响应"一带一路"倡议的沿线国家,更是共建"一带一路"早期收获最丰硕的国家之一。中马钦州产业园、马中关丹产业园创造了中马"两国双园"产能合作新模式。东海岸铁路等旗舰项目顺利开展。阿里巴巴帮助马来西亚在电子商务领域实现了腾飞,双方共同启动了马来西亚数字自贸区。吉利与宝腾携手合作,致力于振兴马来西亚国产汽车品牌。中广核 EDRA 电力资产项目、恒源炼油厂、信义玻璃等大型项目为马经济发展和产业升级提供助力。中马海陆空网互联互通立体推进,双方建立港口联盟,直航航线逐步增加,仅 2017 年双方就开通了 11 条新航线。两国扩大本币互换,人民币清算银行于 2015 年 4 月在马来西亚设立,中国建设银行于 2016 年 11 月获准在马开设子行,资金融通进一步拓展。马来西亚也有越来越多商界人士赴华投资兴业,开拓市场。通信、网购、农业、旅游、绿色经济等正成为双方合作的新热点。

有了稳定的政治和经济环境,两国间的人文交流也是如火如荼,织出一条牢固的情感纽带。目前,有 1 万多名中国学生在马来西亚留学,而在中国就读的马来西亚学生也有 4000 余人,且在逐年增加。北京外国语大学设立了马来研究中心,多所大学开设了孔子学院,两国文化交流日益密切。经过 30 多年的持续努力,中国古典文学四大名著的马来文版于 2017 年 7 月全部面世。2015 年 7 月 31 日,在吉隆坡举行的国际奥委会第 128 次全会上,北京获得了 2022 年第 24 届冬奥会的举办权。厦门大学马来西亚分校作为第一所在海外设立的中国知名大学分校,一期工程已如期竣工,并于 2016 年春季开始正式招生,未来将成为"21 世纪海上丝绸之路"上的一颗耀眼明珠。经过数年筹备,吉隆坡中国文化中心于 2020 年 1 月正式揭牌。2015—2016 年,中马分别在马来西亚的哥打基纳巴卢、槟城和中国的南宁、西安新设了总领馆。马来西亚对中国游客提供电子签证服务,中国签证申请服务中心槟城办公室成立,进一步便利了两国人员往来。多年来,中国已成为马来西亚除东盟邻国外的最大外国游客来源国。2013 年,两国人员往来超过 300 万人次。2016 年中国来马游客首次突破 220 万人次,2017 年再创新高,达 265 万人次。2014 年 7 月,中国一对大熊猫福娃和凤仪来马定居,成为两国人民间的友好使者。它们在吉隆坡诞下熊猫宝宝,被马来西亚人民取名"暖暖"。这正是中马之间温暖情谊的真实写照。曾经有民调显示,在亚洲国家中,马来西亚是对中国好感度最高的国家之一,民众对中国的好感度达 83%以上。为此我引以为豪!

　　始于 2015 年的中马"和平友谊"年度联合实兵演习成功举行,成为中马两军机制化合作的重要平台,正向纵深发展,为人道主义援助与救灾合作积累经验。2016 年 11 月,值马来西亚总理纳吉布访华期间,马方宣布向中方购买 4 艘滨海任务舰。双方签署了防务合作谅解备忘录,将两军交往和互信提到历史新高。中马间已签署刑事司法协助条约,正就引渡条约进行谈判。双方不断完善执法安全合作机制,在反恐、打击电信诈骗、禁毒、网络安全等方面加强协作,共同维护两国和本地区和平稳定。双方在地区和国际事务中密切配合,在联合国等多边组织中保持了良好沟通与合作,有力维护了发展中国家的共同利益。特别是在马来西亚 2015 年担任东盟轮值主席国期间,中马在中国—东盟、东盟与中日韩等框架下进行了良好配合,推动中国和东盟关系深入发展,支持东盟共同体建设,推进《区域全面经济伙伴关系协定》(RCEP)谈判,推动全面有效落实《南海各方行为宣言》和"南海行为准则"磋商进程,为维护地区和平稳定发挥了建设性作用。

　　回顾 4 年任职期间中马关系的发展,我深深体会到,两国领导人高瞻远瞩、携手共进是两国关系提档升级的引航灯,"和平共处"五项原则和中庸、和谐的共同价值观是两国战略互信的根本支柱,平等、互利、共赢是两国合作可持续发展的不竭动力,而人民间的深厚友谊和患难真情则是两国世代友好的最坚实基础。

2015 年 11 月,国际舞台热闹非凡,各国领导人穿梭奔波。20 国集团安塔利亚首脑会议和 APEC 马尼拉峰会刚刚落幕,东亚合作领导人系列会议就要在马来西亚开场。11 月 20 日,李克强总理抵达吉隆坡与会并访问马来西亚。这是李克强总理上任以来对马来西亚的首次访问,也是对马来西亚总理 2014 年 5 月正式访华的回访,意义重大,主宾双方均有很高期待。

马来西亚有句谚语:"遇山一起爬,遇沟一起跨。"李克强总理对马来西亚的首次访问再次证明,中马正是可以一起爬坡过坎的好邻居、好朋友、好伙伴。在马不停蹄奔波的四昼夜中,李克强总理旋风般地出席了第 18 次中国—东盟(10＋1)领导人会议、第 18 次东盟与中日韩(10＋3)领导人会议、第 10 届东亚峰会(EAS),对马来西亚进行正式访问并出席中马经济高层论坛,到访马六甲……行程繁忙而紧凑,成果务实而丰硕。

11 月 22 日下午,在结束东亚峰会后,李克强总理从马来西亚首都吉隆坡驱车 100 多千米前往马六甲州,开始了他正式访问马来西亚的第一站。马六甲州以沿途十几千米悬挂中马国旗的友好之举欢迎中国贵宾。街边的店铺自发地挂起欢迎中国总理的横幅,沿街民众热情地挥手欢呼致意。

和会议期间唇枪舌剑的外交博弈相比,马六甲之行显得轻快而活泼,但寓意非同寻常。在当地 2 个小时的短暂逗留中,李克强总理和夫人程虹与马六甲州元首卡里尔夫妇、首席部长伊德里斯夫妇亲切交谈,视察了马六甲临海工业园区,参观了郑和文化馆和峇峇娘惹博物馆,并在当地一家特产店铺与 19 年前访问马来西亚时结交的老朋友欢聚一堂。其间,李克强总理重提"以和为贵、和而不同、和谐包容"的郑和精神,借郑和的故事,再次告诉世人,中国人的骨子里没有霸权文化,将始终坚持走和平发展的道路,也致力于通过对话协商和平解决领土主权和海洋权益争端。

李克强总理传递"和"的含义,自有其深意。

在之前的东亚合作领导人系列会议上,中国已成为推动区域合作与发展的核心力量。李克强总理见证了中国—东盟自贸区升级谈判全面结束的成果文件的签署,并敦促东盟十国以及韩国、日本、澳大利亚、新西兰、印度在 2016 年结束关于《区域全面经济伙伴关系协定》的谈判。虽然大部分与会国家均希望加深与中国的合作,却也有国家对中国在区域合作中所扮演的积极角色耿耿于怀。而南海问题,成为这些国家掣肘中国的工具。前往马六甲之前,李克强总理在当天的东亚峰会上就各国共同维护南海和平稳定提出了五点倡议,期望域外国家承诺尊重和支持地区国家维护南海和平稳定的努力,发挥积极和建设性作用,不采取导致地区局势紧张的行动。

马六甲以弹丸之地,扼守海峡咽喉,纵览千帆过往;李克强总理则以追溯郑和精神,向全世界传递出和平和共同繁荣的信念。到访马来西亚当天,李克强总理就在当地主流媒体上发表署名文章,用相当篇幅阐述了郑和的事迹;到马六甲之后,他又专门参观了郑和文化馆。文化馆里,船具、瓷器等展品众多,场景、人物造型栩栩如生,生动再现了郑和下西洋时的壮阔场景。不过,世人所称颂的,不是强大的舰队,而是和平的精神。郑和所到之处,不搞殖民和掠夺,这种"强不执弱、富不侮贫、天下之人皆相爱"的理念也深深植根于中国人民的文化和基因中。谈起自己的观感,李克强总理说,郑和的"和",既是和平,又是和谐,还是包容。郑和精神"以和为贵",也正体现了中华民族热爱和平、睦邻友好的思想精髓。

在马六甲，李克强总理还参观了峇峇娘惹博物馆。据介绍，郑和船队回国时，每次都有部分随从留下，与当地女子通婚，生下的后代中男性称为"峇峇"，女性则称"娘惹"。如今，他们仍是当地社会的重要组成群体，成为见证中马友好交往和文化交融的生动例证。

在出使大马的近 4 年间，我踏足大马 13 个州的土地，与当地政府、民众、社团、企业广泛接触，见证了中马两国领导人间的特殊友情以及两国人民的亲密关系，深切感受到两国人民加强合作、增进了解、共谋发展的迫切愿望。正如马来西亚人民为在吉隆坡诞生的大熊猫宝宝取名"暖暖"，中马友谊暖到了每个人的心里。在我心底感受最深的莫过于习近平主席在首尔大学演讲时引用的经典："以利相交，利尽则散；以势相交，势败则倾；以权相交，权失则弃……唯以心相交，方能成其久远。"是啊，一部中马交往史正印证了"唯以心相交，方能成其久远"的义利观。

美酒越陈越香，朋友越久越真。我感念，在 2008 年中国汶川特大地震以及其他重大自然灾害发生后，马来西亚人民慷慨解囊，捐款捐物，发动两国爱心接力。一张张热情的面孔，一句句温暖的问候，令人动容。这些事迹再次体现了血浓于水的中马友谊和两国人民兄弟般的情谊。

"患难见真情，马中一家亲。"2014 年 3 月 8 日，马航 MH370 客机失联后，中马两国政府和人民携手共克时艰。在西方媒体散播"阴谋论"之时，中方力挺马来西亚政府应对危机，中马关系历经考验，更成金石之交。2015 年 12 月，马东海岸遭遇特大水灾，中方救灾物资火速驰援。马来西亚在华留学生自愿捐献造血干细胞，成功挽救了一位中国白血病患儿的生命。……桩桩件件,令我感动至今。庆祝中马建交 40 周年答谢晚宴上,为中马建交牵线搭桥的前辈政要、"南侨机工回国服务团"英雄、华社领袖等各界友人悉数出席,我代表中国驻马使馆赠送的每一枚"中马友谊之星"纪念章,都浇铸了中马两国人民血浓于水的情谊。

我感念,大马各界对中马友好和中国驻马使馆的支持与厚爱。上议长阿布·扎哈不但参加了我举办的所有重大庆典活动,还随时在使馆需要时伸出援手;"南洋机工"组织者刘南辉和夫人刘陈慧玉一家坚持传统,每逢中秋佳节便为使馆送来月饼和问候;不止一次,我赴外地活动返程途中于路边餐馆用餐,买单时却发现已有不知名的华人朋友悄悄代为结账……在这,我肩负着国家交予的重大使命,也寄托着大马华人的家乡之念。

华文教育的兴办,离不开马来西亚华社所做的不懈努力。马来西亚有良好的华文教育根基,有 1 万余个合法注册的华人社团和发达的华文报业,它们都是中马人文交流的纽带和桥梁。华人社会对马来西亚的独立和发展所做的贡献有目共睹,为维护本民族文脉所做的艰苦卓绝的持续努力令人动容。近 4 年来我走访了数十所华小、独中,捐些善款、书籍,即出于对大马华人努力保持自身文化身份和民族特性的钦佩和敬重。期待中华文化在大马薪火相传,愿大马华人继续自强不息,为开放包容、多元并蓄的马来西亚做出自己的贡献。

当前,中国正为"两个一百年"奋斗目标和"中国梦"而努力,马来西亚也致力于实现"2050 国家转型计划"(TN50),双方通过互利合作谋求共同发展,符合两国和两国人民的根本利益,也是中马双方勠力同心、携手奋斗的方向。中方愿同马方一道,继续落实好两国领导人业已达成的各项共识,充分利用

"一带一路"倡议和国际产能合作提供的广阔平台,全方位推进各领域交流合作,推动中马全面战略伙伴关系继续走深走实。

在这 1380 天中,我深知"特命全权"四字重若千钧,深感使命神圣、责任重大。中马两国领导人多次重申,将中马关系置于各自对外关系最优先的位置。历任 13 位中国驻马大使为夯实两国友好关系殚精竭虑,因此,我也始终以"巩固、发展、深化中马全面战略伙伴关系"作为本任驻马大使率领驻马使馆一众文武,承前启后、矢志奋斗的目标。

走过深化互信、互利合作的"黄金 40 年"后,中马关系正迈向唇齿相依、命运与共的"钻石 40 年"。我期待也相信,会有越来越多的人传承中马友好,投身中马合作,谱写"中马一家亲"的新篇章。中马全面战略伙伴关系将继往开来,迸发出强有力的发展后劲。

怀着构建人类命运共同体的美好愿望,习近平主席于 2013 年秋在国际上首次提出了共建"一带一路"倡议。8 年来,全球 100 多个国家和国际组织积极支持和参与,"一带一路"建设逐渐从理念转化为行动,从愿景转变为现实。古丝绸之路长期积淀的和平合作、开放包容、互学互鉴、互利共赢的丝路精神,焕发出新的勃勃生机。马来西亚作为东盟成员国中最早与中国建交的国家,也是最早响应"一带一路"倡议的沿线国家,更是共建"一带一路"早期收获最丰硕的国家之一,必将在未来的互利共赢大路上行稳致远。

作为东盟创始国以及重要成员,马来西亚与中国积极对话,打造"五通"(政策沟通、设施连通、经贸互通、资金融通、民心相通)、"三共"(利益共同体、命运共同体、责任共同体)以及四轮驱动(政治、经济、安全、人文),积极推进中马各领域全方位的务实合作。

　　志合者，不以山海为远。中马两国隔海相望、唇齿相依。

　　缅邈岁月，缱绻平生。中马两国兄弟情深，并肩同行，共筑丝梦，以海为梦的起点，扬帆远航！"为者常成，行者常至。"愿中马两国国泰民安、永享太平，中马友谊万古长青！

黄惠康大使（左三）获由马来西亚总理巴达维签发的卓越外交官奖

　　（本文引自黄惠康大使的《心声——出使大马 1380 天的感悟》）

宝腾涅槃之旅

对于中国人而言，"红旗"不仅是一个著名的汽车品牌，还是一种深深的情怀和神圣的记忆。"红旗"对于一汽人，更是一种强烈的责任和历史的使命。

如果您能理解这个，那您便能理解宝腾（PROTON）汽车公司之于马来西亚的意义。宝腾是马来西亚第一民族汽车品牌，由马来西亚前总理马哈蒂尔于 1983 年创建，比吉利还早 3 年。

宝腾是马来西亚 DRB-HICOM 旗下全资子公司，主要经营汽车、汽车零件，1996 年全资收购了英国莲花 LOTUS（路特斯集团）国际公司，使该公司具有独立完成轿车从开发到生产的能力，继而从单一的国内汽车生产商发展成为产品款式多样、能满足国内外不同需要的国际汽车生产商。作为民族品牌的宝腾，曾令马来西亚人民备感自豪和骄傲，其在 20 世纪 90 年代发展鼎盛时期，年销量超过 20 万辆，位居马来西亚汽车销量之首，几乎垄断了整个马来西亚汽车市场。宝腾拥有一个位于马来西亚霹雳州的汽车制造厂区 Tanjung Malim，这是马来西亚甚至东南亚最具规模的厂区之一，由当时马来西亚政府耗资 18 亿林吉特打造，年产量高达 100 万辆。

然而，面对汽车科技的激烈竞争，30 多岁的宝腾开始走下坡路，至 2018 年，汽车销量已跌至 64000 辆，公司出现严重亏损，2016—2018 年，公司年亏损额均以亿林吉特计算。若是减产,偌大的地方不仅白交税,还会造成大量工人失业,马来西亚政府对此颇为头疼。面对如此境况,马来西亚政府急需引进海外战略投资合作者来分担压力。

谁能力挽狂澜,扭转乾坤?

宝腾的收购计划吸引了全球包括雷诺、大众、标致雪铁龙(简称 PSA)等 23 个汽车品牌,经过一轮轮筛选,最后在吉利和 PSA 中选出决胜者。

经过一系列漫长的谈判、试探、中止、重启等复杂流程,浙江吉利控股集团(简称"吉利集团")终于在 2017 年 5 月 24 日与宝腾签约,以 4.63 亿林吉特(其中包括 1.73 亿林吉特的现金及估值 2.9 亿林吉特的博越平台和技术导入)收购马来西亚整车企业宝腾 49.9% 的股权,以 5000 万英镑收购宝腾旗下路特斯(莲花)51% 的股权,吉利集团成为宝腾汽车的独家外资战略合作伙伴。

2017 年 6 月 23 日,黄惠康大使(后排左三)出席吉利与宝腾合作协议签约仪式

谁都没有想到,曾经将汽车形容为"四个轮子加一个沙发"的狂人李书福又一次创造了奇迹,这是继吉利集团在 2010 年

以 15 亿美元从福特全资收购瑞典沃尔沃之后的最大一笔收购交易,而此次收购完成后,吉利集团将拥有吉利汽车、领克、沃尔沃、伦敦出租车、宝腾和路特斯等 6 个汽车品牌,全面覆盖中低端、豪华和超豪华市场,主要战线从中国、欧洲拓展到东南亚。

人们不禁会问,为什么宝腾会选择吉利?

两大民族品牌的合作,牵动了两国政府的关注,时任中国驻马来西亚大使黄惠康作为土生土长的浙江人,或许是对家乡深厚的情感,抑或是冥冥之中的缘分,非常希望促成吉利与宝腾的联姻。为此,黄大使和当时马来西亚贸工部第二部长黄家泉先生,积极向马来西亚政府领导人表达吉利集团的合作意愿和战略计划。吉利与宝腾的合作,已经超脱了本身的商业行为,是一场展现两国智慧的经济合作。随着吉利控股集团走进马来西亚,越来越多的民营企业积极加入"一带一路"建设,参与的企业类型和行业分布更加多元化,这种参与不仅是为了自身的发展,而且是为了给全球企业创造更多的机遇。

当然,面对众多国际汽车品牌的竞争,吉利集团充分展现了中国民族汽车品牌的自信。始建于 1986 年的吉利集团,1997 年进入汽车行业,并专注于技术创新和人才培养,坚定不移地推动企业健康可持续发展。如今中国的汽车市场已经超越美国成为全球之冠,年销量达到 3000 万辆之巨,而吉利集团的汽车销量在 2018 年已超越 150 万辆!而高产能厂区对于吉利来说正是最大的吸引力,由于近年销量不断上升,宝腾厂区能为吉利分担一部分外地市场的产量,而且车辆还不需以CKD(Completely Knocked Down 的缩写,意为"完全拆散")的形式进入东南亚市场,可免除高额的关税。吉利集团正是宝腾最佳的战略合作伙伴。

　　虽然政府官员极力推荐,但由于早期引进的中国车质量不高,马来西亚政府对中国汽车品牌的信心不足。事实上,吉利集团与宝腾早在 2012 年就有接触,但过程跌宕起伏。如今,并购沃尔沃之后的吉利集团已今非昔比,全球化采购成本大幅度降低,核心技术成功导入,新产品层出不穷,吉利集团已走上了快速发展的道路。借用沃尔沃的技术和品牌效应,使得马来西亚政府对中国汽车品牌信心增强。另外,此次吉利集团还愿意与宝腾分享与沃尔沃一同研发的成果,提供博瑞和博越的技术。要知道,没有任何一个国家的汽车厂愿意以技术转移来协助宝腾,吉利集团愿意毫无保留地以"技术共享"来协助,正合宝腾心意,吉利被称为是挽救宝腾的"白衣武士"。

　　吉利集团已在杭州、宁波、瑞典哥德堡、英国考文垂、德国法兰克福建立起全球研发体系。科技创新已成为吉利在智能汽车领域的核心竞争力。通过协同效应,这些耗资上亿美元的领先技术,吉利将与宝腾共享,这对于年销量仅有 6 万辆的宝腾而言,是根本无法依靠自己的研发力量实现的,有了这些高端研发技术,宝腾有信心摆脱困境,重振雄风。

　　政治互信和品牌自信是合作的基础,宝腾选择吉利的关键原因不仅有沃尔沃的背书,还有平台和技术的共享。在生产层面,宝腾为吉利提供右舵的汽车生产线,吉利为宝腾工厂提供机会组装沃尔沃,并且和全球工厂共享人才资源。

　　那为什么此次吉利集团没有像收购沃尔沃一样,全资收购宝腾?

　　吉利集团要成为世界级的企业,生产规模至少应该超过200 万辆,但其目前尚未达到。整个东南亚有 10 个主要国家、6亿多人口,尽管整个东南亚目前车市量级并不大,但其增长势头迅猛,东盟地区有望成为全球第六大汽车市场。如果吉利集团借用宝腾品牌打开马来西亚市场甚至东盟市场，成功概率很高。

　　然而目前在东南亚车市，日系车占据超过 70％的市场份额，日本车企早已经完成在东南亚车市的全产业链布局。当然，我国自主车企并没有坐以待毙，上汽在泰国东部春武里府建立了海外最大规模量产工厂，年产达 20 万台车，同时在印度尼西亚建设了年产 15 万台五菱宏光的工厂。而早在 2005 年，吉利集团就和马来西亚本地知名工业集团 IGC 签署了合资建厂的协议，计划产能 3 万辆/年，当初选定的是吉利集团当时销售较好的金刚或远景。只是当时马来西亚政府要求吉利合资厂生产的汽车只能出口，不允许进入当地销售，使得最后合资建厂的计划流产，吉利集团大举挺进东南亚市场未能如愿。

　　有了前期合作的经验教训，吉利集团深知全资收购宝腾难有胜算。宝腾是马来西亚最大的汽车生产制造商，吉利集团若能将其收入囊中，吉利集团便可凭借此优势以极低的关税进驻东南亚这个巨大的市场，抢占份额，这不仅仅是为吉利集团拿到打开东南亚市场大门的钥匙，更是我国自主汽车品牌走出去的一大利好机遇。因此，收购宝腾部分股权或许是此次唯一且有利的收购策略。

　　马来西亚在文化上和中国比较相似，没有全资收购宝腾也保全了马来西亚人的民族品牌情结，在这点上，也是合乎人情之举。

　　吉利集团收购了宝腾，究竟会给自己带来怎样的发展机遇？也许会有车友觉得，宝腾无论品牌与技术都不如吉利，吉利真的只是为了打开东南亚大门而费尽心思吗？这当然只是一个方面。

　　宝腾拥有路特斯汽车的控股权，这对于正在寻求向上突破的吉利来说,颇有"明修栈道,暗度陈仓"之意,若能有路特斯的加入,吉利便可如虎添翼,复制当年通过沃尔沃获得成功的先例,在性能跑车领域开拓出一片疆土。不仅如此,路特斯作为复合材料和轻量化设计的领导者,这一点也被吉利所看重,如能运用在吉利品牌和 LYNK&CO 品牌旗下的车型上,与其他自主品牌甚至合资品牌相比将更具优势,而路特斯品牌的加持也会让吉利在品牌形象和产品力方面再上一个新台阶。吉利集团在 2001 年就曾推出美人豹跑车,由于外形酷似丰田 Supra 且动力孱弱,遭到业内一阵嘲笑。现在有了路特斯汽车数一数二的底盘调校与轻量化技术,加上沃尔沃那套机械增压与涡轮增压(双增压)加上电机的混动系统,吉利未来的跑车足够令车友们期待。

　　从更长远的意义来看,吉利收购宝腾是中国自主品牌车企实现"走出去"的第一步,也是对"一带一路"倡议的积极响应。随着"一带一路"倡议的深入实施,在政府的支持下,中国品牌汽车的全球化进程有望进一步提速,中国品牌汽车将成为世界汽车工业中的新生力量。如果说,中国品牌日的设定是国家唤醒民族品牌傲气的开始,那么,"一带一路"倡议则是国家带领民族品牌走出去的大旗。对于自主品牌车企而言,在"一带一路"倡议的促进之下,其国际化经营将顺利实现转型升级,吉利集团愿意做此排头兵。

　　未来蓝图看似非常美好,吉利集团收购宝腾后会碰到怎样的困难呢?

　　首先摆在吉利人面前的最大问题,就是有着官府气质的宝腾,是否能低下头来接受吉利文化的注入。宝腾是马来西亚的民族汽车品牌,其第一款轿车取名 Saga,寓意为"国家的荣耀",有着强国野心的宝腾到 1993 年,已占据了马来西亚 73% 的新车销售市场。不过随着马来西亚加入东盟自贸区，关税大幅降低，到了 2016 年，其新车销量大幅跌落，占比仅为 12.5％。宝腾虽然先后从政府拿到 30 亿美元的补贴，但还是屡次陷入严重的财政危机。吉利收购宝腾一路曲曲折折，根源就在于宝腾是马来西亚的旗帜性汽车企业。正如上台不久的宝腾 CEO 扎因·阿比丁称：“我首先是个马来西亚人，其次才是个商人。履行社会和国家责任是我的工作中必不可少的一部分。”①这番话清楚地表明，宝腾不是单纯的一家车企，而是附着了很多政治意义、马来人民族工业期待的复杂混合体。吉利能不能挽救宝腾，尚未可知。

再举一组有想象力的数字，宝腾有直接员工 10 万人，间接员工如经销商、供应商等及其家属 10 万人，每年缴税上亿，带动马来西亚汽车产业和零部件行业收入上百亿，其中 99％的员工都是马来人，宝腾对于马来西亚政府有着特殊意义。因而宝腾人对于吉利的收购初心和能力各持褒贬。事实上，绝大多数海外中资企业都会面临文化差异这一问题，当地员工在民族宗教、生活习惯、文化习俗方面的差异以及语言沟通障碍等，会对企业正常生产活动造成影响，宝腾人自然也不例外，他们对于中国品牌汽车管理团队的入驻，也许很难欣然接受。

跨国合作可以打开全球市场，但也伴随着文化融合与跨国管理的风险。2015 年通用从泰国撤出，2016 年福特从印度尼西亚撤出，就是因为车企无法跟上当地产业政策发展（比如环保政策）；反观一些日系品牌，却能和当地政府有良好的沟通，甚至还能获得一些政府优惠政策。吉利集团能否处理好利弊

---

① 彭晃：《吉利收购宝腾：鲜花与荆棘》，《中国外资》2017 年第 13 期，第 70—71 页。

关系,避免出现水土不服,也很难预知。

虽然吉利是第一大股东,但宝腾未上市,因此不存在分散的个人持股,50.1%的股权方联合起来,其实并没有那么难。没有绝对的控股,吉利在董事会的地位并不稳固,这也是马来西亚政府一再要求保有绝对话语权的原因,吉利集团是否有足够的自信来把控局面,也不得而知。

当然,还有一个关键问题,即收购宝腾、路特斯之后,吉利将拥有 6 个不同市场取向的品牌,正如一个大家族,如何平衡旗下各个品牌的资源配置和使之协同合作,将极大考验吉利的智慧。

正如歌词所唱:"不经历风雨怎么见彩虹,没有人能随随便便成功。"任何成就都伴随着机遇和挑战。吉利收购宝腾后将何去何从?

有着丰富经验的李书福董事长,首先为宝腾找来了一位专家——李春荣先生,他不仅拥有 30 年的汽车行业经验,还有中国华中科技大学的博士学位和美国麻省理工学院的工商管理硕士学位。专业的事情交给专业的人做,2017 年 8 月 22 日,李春荣先生正式成为马来西亚宝腾的首席执行官。

吉利在宁波春晓改装了一家汽车工厂,来生产适合马来西亚的右舵汽车。这家工厂既可以用来生产新款车型——宝腾 X70,也可以用来培训马来西亚汽车科技人员。

2018 年 2 月 2 日,在两国政府官员见证下,宝腾和吉利合作的新厂在霹雳州的丹绒马林正式动土兴建。这家工厂将同宁波春晓汽车厂一样生产宝腾 X70,马来西亚举国上下对宝腾充满了期盼。

经过 1 年多的努力,无论是工作人员与技术设备,还是零部件供应与经销商渠道,宝腾丹绒马林工厂与之前相比,已发生翻天覆地的变化,其不仅有马来西亚的文化与性格,也有中国的元素与色彩,更重要的是,这个企业充满了生机和活力,焕发了新的生命。

2018 年 12 月 12 日,吉利牵手宝腾后的首款全新紧凑型 SUV 宝腾 X70 在吉隆坡正式上市。一句"Hi, Proton"宣告马来西亚汽车真正意义上接入了互联网,93 岁的马哈蒂尔总理亲自代言,称其为"会说话的车"。为增进中马两国人民对吉利和宝腾的了解,马哈蒂尔在记录收购全过程的书籍《李书福的汽车密码》上亲自签名并题写:To geely with admiration(向吉利致敬)!① 宝腾 X70 搭载了专为马来西亚用户定制开发的 GKUI 车载智能生态系统,充分融合了本土元素,初期在台州工厂生产后,以整车进口方式进入马来西亚市场。

2019 年 6 月 12 日,对于中马两国是一个有着特殊意义的日子,在中华人民共和国工业和信息化部部长苗圩、马来西亚通信和多媒体部副部长 YB Tuan Eddin Syazlee Shith 以及吉利控股集团董事长李书福的共同见证下,宝腾与吉利合作的首款车型宝腾 X70 在这座 CKD 工厂成功试产,这代表着马中两国汽车经济的战略联盟瓜熟蒂落。同日,亿咖通科技与宝腾汽车、马来西亚 ALTEL 公司在宝腾汽车丹绒马林工厂正式签约,宣布成立三方技术合资公司,三方股比分别为 40%、40%、20%。三方将致力于为马来西亚用户打造愉悦的智能出行新体验,旨在为宝腾汽车的发展注入智能网联新动力。据了解,三方将从产品研发、本地运维、质量管理、生态构建等多方面进行资源协同,将合资公司打造为体系成熟的车联网服务供应

① 《马哈蒂尔"表白"吉利:与吉利合作后,宝腾的好运开始了!》,https://www.sohu.com/a/282159759_99917046。

商。届时,不仅宝腾能够在智能网联开发上降低成本,马来西亚用户也将获得更丰富的产品和更便捷的售后服务。随着合资公司的发展,其逐步在当地培养技术人才,未来将有机会在马来西亚甚至东南亚市场建立车联网研发中心,为宝腾汽车和其他 OEM(Original Equipment Manufacture,代工生产)及售后市场提供服务。吉利让宝腾在智能化的赛道上实现超车。

2019 年前 11 个月宝腾累计销量达 89476 辆,同比增长 50.4%,增长率稳居马来西亚汽车品牌第一,市场占有率达到 16.2%,升至马来西亚市场第二位。宝腾 X70 上市 1 年,连续 11 个月蝉联马来西亚中高端 SUV 冠军宝座,交付数量超过 26000 台。至 2019 年年终业绩结算,宝腾转亏为盈!

宝腾 X70

截至 2020 年 6 月,宝腾已经售出 36000 辆 X70。此外,70 个马来西亚本土汽车零部件供应商为宝腾供应了超过 500 种零部件,总价值达到 10 亿林吉特之巨。X70 在短时间内给马来西亚带来的经济效益是成倍增加的!

最令人兴奋的是,2019 年 4 月,宝腾与巴基斯坦阿吉哈汽车集团达成生产技术许可协议,将在巴基斯坦卡拉奇建设海外全散装件组装工厂。这不仅意味着宝腾重启海外市场拓展步伐,也将是中国、马来西亚、巴基斯坦三方深入合作打造的"一带一路"共建典范。这意味着宝腾品牌在"全球化"战略中迈出了坚实的一步,并带动三国供应链协同发展。

仅用 2 年的时间,吉利就帮助这家拥有 35 年历史的马来西亚国宝级汽车品牌从经营低谷回到销售榜亚军的位置,这背后是吉利从人才到产品、从技术到管理的全方位导入,吉利正一步步兑现着收购宝腾时的承诺,从确定王牌 SUV 博越的输入,到以李春荣为 CEO 的中国管理团队入驻,宝腾逐渐焕发出新的生机。从产品布局来看,吉利在不断让宝腾往高端和智能化方向发展。

自入股宝腾以来,吉利全面负责宝腾汽车的管理运营。双方致力于把宝腾打造成为马来西亚的第一品牌,并以在 10 年内进入东盟前三大品牌行列为共同目标,围绕人才、渠道、成本、质量、产业链、工厂改造以及开发新产品等 7 个方面制定"北斗七星战略",全面提升宝腾的本土创新能力,加强零部件配套体系建设和员工专业技能培养,寻求最大的资源协同和规模化效应。

完成对马来西亚宝腾公司的收购后,吉利集团也得到了飞速发展。2018 年,吉利集团旗下各品牌车型累计销量超过 215 万辆,同比增长 18.3%,4 年销量翻番,实现跨越式发展。吉利集团旗下拥有吉利汽车、领克汽车、沃尔沃汽车、Polestar、路特斯汽车、伦敦电动汽车、远程新能源商用车、太力飞行汽车、曹操专车、荷马、盛宝银行、铭泰等众多国际知名品牌。

2019 年 9 月,中国战略性新兴产业领军企业 100 强榜单发布,排名第 8 位;

2019 中国制造业企业 500 强名单发布,排名第 18 位;

2019 年 10 月 16 日,中国机械 500 强企业名单发布,位居第 5;

"一带一路"中国企业100强榜单中,排第56位;

2019年12月18日,人民日报发布中国品牌发展指数100榜单,排名第22位;

2020年1月9日,胡润研究院发布《2019胡润中国500强民营企业》,列第50位;

2020年5月13日,作为第一批倡议方,与国家发展改革委等部门发起"数字化转型伙伴行动"倡议;

2020年9月10日,2020中国民营企业500强榜单发布,列第10位,营业收入已达33081765万元。

2020年10月,吉利汽车成为首个全球销量突破1000万辆的中国汽车品牌。截至2022年4月,吉利汽车全球累计销量突破1200万辆。吉利汽车连续五年蝉联中国汽车品牌销量冠军。

2022年世界500强榜单中,吉利控股集团以558.6亿美元的营收排名第229位,连续11年跻身世界500强。

吉利与宝腾的合作,使两大企业充分协调技术资源,统筹双方优势,实现互利双赢。吉利得以利用宝腾在马来西亚的产品生产线,拓展拥有6亿多消费人群的东南亚市场;宝腾则能获得先进的技术和前沿的运营管理理念,为企业持续发展注入新的生机。

尽管此次吉利在对宝腾的收购中未能占据绝对优势,但吉利收购后所走的每一步都是经过深思熟虑的。对比7年前吉利收购沃尔沃时遭到的"蛇吞象"的质疑,7年后吉利收购宝腾已是底气十足,吉利再一次提升了中国自主品牌汽车的天花板,吉利汽车王国梦想不再遥远。

对比大众、通用等国际跨国汽车企业在华30年的发展,吉利集团迈入海外市场的长征路只走了一小段,中国汽车企业要真正立足海外汽车市场,任重道远。

　　吉利和宝腾的联手,是中国同马来西亚"一带一路"务实合作中,继关丹产业园、马六甲临海工业园、东海岸铁路等项目后的又一经典之作,是开展国际产能合作的有益尝试,也是中国汽车企业首次以知识产权、管理运营经验等作为投资成功实施的海外并购,开创了中资企业以品牌、知识产权、管理和营销经验进行海外投资的新纪元,其意义非凡。从长远看,中国企业在马来西亚的投资项目已覆盖钢铁、玻璃和能源等领域,汽车产业的加入帮助有关中资企业打通了上下游供应链,提升了整体竞争力和产业活力,中马双方合作潜力巨大。

　　此次联姻将壮大彼此力量,让拥有 30 多年历史的宝腾涅槃重生,也让中马汽车产业合作乘着"一带一路"的东风展翅高飞。这一合作的实现,得益于中马深厚的政治互信、紧密的经济纽带、友好的民意基础,得益于"一带一路"倡议的深入推进和中国国际影响力的空前提升,得益于中国汽车产业综合实力的显著增强。

　　以"共商、共建、共享"为核心的"一带一路"倡议为中国汽车企业"走出去"提供了绝佳机会。吉利与宝腾的合作典范,将为上下游产业链注入更多动力,推动马来西亚经济蓬勃发展,推动世界各国共同建设"一带一路",实现互利共赢。

中文小兵大马记

我因为曾作为对外汉语专职教师公派至马来西亚 4 年，一直牵挂着那片热土。目前大马正经历着严重的新冠肺炎疫情，每次看到数据都不免忧心。希望马来西亚政府不日能控制住新一轮疫情！每每回忆起自己在大马工作和生活的日子，总是让我对未来多一分期许和热情。无论过去、现在或将来，我都相信大马的生命力！

说起来，对马来西亚人有认识始于 20 年前南京大学求学期间。我结识了一些来华修读中文专业的马来西亚学生，他们的学风非常务实，其中有些读完汉语言本科还要继续攻读硕士。他们的热爱和坚持，给了我们这些浮躁的本土文科学生不小的冲击和提醒。原本笑言自己以后多半是"万金油"的我们，心底里渐渐也对自己的中文专业多了些自信和尊重。至少我是这样，更愿意静下心来多看点书，多思考些纯专业的问题，盼望着有一天能从事跟专业对口的工作……

随着中国经济地位的提升，世界各国对中国的关注大大提高，国际汉语教学和推广的工作由此获得了迅速发展的良好机遇。汉语言及文化的学习在世界各地掀起热潮，学生与日俱增。国家对外汉语教学领导小组（简称"汉办"，是中国教育部下属的事业单位）为了应对日益增长的中国语言文化学习需求，秉承孔子"和为贵""和而不同"的理念，在 2004 年成立了第一家海外孔子学院。2006 年，汉办在北京举行第一届孔子学院大会。真所谓因缘际会,当时我正在北京新华社做见习记者,有幸采访了几位院长,特别是与来自马来西亚的冯久玲女士有了较多的交流。这位女士著有《文化是门好生意》等畅销书,对于如何推广文化软实力有颇多高论。在此之前我在母校南京大学海外教育学院给留学生们上过中文课,作为一个初涉对外汉语教学的小兵,看到全球汉语热持续升温,并且国家对于汉语推广的关注和切实努力越来越多,非常振奋。

这份热忱,终于在 2007 年硕士研究生毕业之际,引领我选择走上国际汉语教学这条路。在上海交通大学国际教育学院接受了近 2 年密集的新教师培训后,2009 年,我通过面试和培训作为国家公派汉语教师,如期前往马来西亚全球汉语学院(全名"上海交通大学—马来西亚全球汉语文化学院"),同期还有另外 2 位老师。

时值孔子学院成立第五年,在 162 个国家(地区)建立 550 所孔子学院和 1172 个中小学孔子课堂,这个大手笔很快就加速了国际中文教育和中文文化推广,逐渐成为世界认识中国的一个重要平台。各地孔子学院都在充分利用自身优势,开展丰富多彩的教学和文化活动,逐步形成各具特色的办学模式,成为各国学习汉语言文化、了解当代中国的重要场所。

作为这一行业的一线教师,我们都非常幸福,走出国门前,在培训中数次听到"民间大使"的说法,无不为之动容。现在回想起来,那确实是段光荣与梦想交织、热情与感动同行的岁月。

马来西亚是一个具有多元文化的国家,主要由三大民族组成,马来人、华人和印度人。在教育政策上,由于受到英国殖民时期的分而治之的影响,遂把教育分为以三大语言为媒介语的教育系统,如马来语和英语作为官方语言,并且马来语为国语,华文和泰米尔文为辅。因此,对于各个教育系统的财政预算以马来语教育系统为主。

华人社会自古秉持着再穷也不能穷教育的信念奋勇前行。对于华文教育事业,每位马来西亚华人都是尽自己最大的努力付出和坚持。马来西亚拥有支持华文教育的华人社团、华人商会公会,由宗祠创始民办直至近四代华人先贤们的努力才让华文教育延续至今,实属不易。在大马生活旅行时,可能会遇到一些华校学生有时候在街头,找人募集资金资助华校。遇到这种情况,不少马来西亚的华人都会慷慨解囊,50 林吉特、100 林吉特纷纷捐起。因此,华文学校能够在马来西亚一路顺利地走下来,马来西亚华人持续捐钱功不可没。

马来西亚是除中国以外,全世界唯一拥有完整华文教育体系的国家,覆盖小学、中学和大专院校。这一独树一帜的教育体系,在东南亚乃至于海外任何华人聚集地区都是难得一见的。2006 年,马来西亚政府顺应亚洲经济发展形势,已经在国民中小学中尝试为马来人及其他非华裔学生进行汉语教学。所以除了华人,一些马来人和印度人的孩子也会去华小学习中文。可以说,推广中文在这里有着得天独厚的优势,但也正是因为其地域的特殊性,推广传播工作才具有复杂性,特别困难。

我被派往上海交通大学—马来西亚全球汉语文化学院(又称"全球汉语中心",以下简称"全球汉语"),学院成立于 2006 年,由马来西亚全球教育管理集团(GEM)与上海交通大学国际教育学院联合创办,是马来西亚最早的一所孔子学院,也是马来西亚最大、最具影响力的汉语教学机构之一。其课程设置涵盖短期汉语课程、少儿汉语、商务汉语、汉语教师培训、汉语言本科学位课程、中国零距离游学体验项目及各种文化活动,形式多样。

学院的外方院长是一位很有见地和前瞻性的老华人,多年在商海打拼,拥有非常开阔的办学思路。他在临近退休之际挑起这个重担,非常不容易,完全没有随便做做的想法。

学院自成立始就定下了 3 个核心策略。

建立品牌。虽然作为非营利机构,每年都有来自汉办在教材和师资上的支持,但学院管理层一直有忧患意识,坚信必须认真打造好自己"全球汉语"的品牌,才能获得学院的可持续发展。因此,教育服务和教学质量两方面都精益求精。所有网站上的宣传资料,都经过精心设计;所有课程方案,也都是从学生角度出发经多方讨论,反复备课。

努力打造一支高素质且多元化的对外汉语教师队伍。除了几位中国老师外,学院从成立伊始就注重培养当地师资。从马来西亚华人中文教师入手,逐渐将汉语传播工作推广至其他非华裔人士。通过提供短期教师培训和长期对外汉语本科学位课程,从华语教师及大学生群体中挖掘和培养优秀的汉语教学师资。这也被视为学院发展的重中之重。

通过开展丰富的文化活动,提高广大学习者对中国语言文化的兴趣。学院每逢华族传统节日都会开展传统文化活动,捞鱼生、包饺子、汉语之夜等活动都是学生们非常期待的文化派对。诸多活动中,学院与马来西亚文化部、中国驻马大使馆三方联合主办的名为"百年光影,百部经典"的首届中国电影展影响力最大,共有将近 20000 人次参与了 20 个高校为期 10 天的活动。

正因为一系列的办学努力,学院的美名在马来西亚广泛传开,吸引了越来越多的高端学员。截至 2011 年,包括多位大使、外交人员及企业高层和政府官员在内的共计 210 名学员参与了学院的课程并通过结业测试。

初到马来西亚,面对新环境,心中确有不少惶惑。巴士不准点怎么办？晚课结束回家路上会不会不安全？等等。

好在因为同事们的关照，吃穿住行等各方面都很快适应了，只是当地的治安状况出乎意料的不好。刚到的那个月就有2位老师因为出门时疏忽大意，走在大路上单手拿着包或者电脑，被飞车党给抢了。吓得我着实不敢一个人出门，以至于后来出门只敢带上不超过20林吉特（约30元人民币），电脑在下课后也基本不带回家。

这样一来就又有了新麻烦：不带电脑回家，就不方便夜里备课。犹记得当时和我住一起的2位同事，为了成全我这个完美主义者每天课后写报告，他们每晚都在那个安静得有些吓人的办公室里，陪我为第二天的学生调整课件，熬到十一二点……

有办法就不是问题，做减法，过简单的生活，随着重心转移到工作中，心倒是很快就定下来了。

学院彼时工作氛围也是真好。院长非常慷慨地邀请我们品尝最正宗的大马美食，甚至一大早跑去榴梿园，就为了让我们这些中国老师尝到最新鲜的极品猫山王……还有同事为了免去女老师们中午被暴晒的痛苦，隔三岔五地把一个人的中餐烧成了家宴。学院的厨房总是很热闹，大家有什么好吃的都不会吝惜分享，当然有什么有助于把课上好的好方法新招数，也都会在那享受美食的一刻交流得透透的。

所以，虽然没有穿过"枪林弹雨"，但在那段"激情燃烧"的日子里同事们真的结下了非同寻常的"革命"友谊，我们常笑称彼此为"战友"。

当然，在中文环境颇为复杂的马来西亚，我们这些年轻的中国老师也绝非没有挑战。

初到大马时，院长提醒我这边的学生华语水平一般会比在上海交大国际教育学院的海外学生高,注意调整方式方法。天性好强的我听了其实心里有些不爽,认为这是院长对我教学水平的不信任。后来真正开始教学了,就慢慢发现,真的是很不一样,比如课堂上要把重点放在汉字的识读上,又比如学生普遍较内向,老师需要花费更多心思引导他们有效练习口语,还有就是学生可能提出更多让中国人不自在的问题。诸如此类。

不但要"知其然""知其所以然",还要说得鞭辟入里,不落俗套。这是中国老师区别于会讲中文的普通人,必须做到的。当面对已有一定身份认同的华人学生时,无疑要求更高。要做到这些,十分不易。我们慢慢意识到,要帮学生提高中文,还要帮得不动声色……

特别让我有感触的是一个中高级水平混合的班级。做过这行的老师就知道,大多数学生集中在初级,越往上学生情况越复杂,水平越是参差不齐,人数也越少,很难有整整齐齐的班级。一个小班五六个学生,这个会认不会说,那个会说不会认,还有的就一直不显山露水,非等问题攒到一堆了再一起提出来……为此我一面向更资深的老师讨教,一面也绞尽脑汁地想了很多法子,光是为了满足不同层次需求自编教材就费了很多的心力和时间。那阵子挑灯夜战十次中有八次是为了这个人数最少的班。当然,也是这个班的学生在我即将离开马来西亚时准备了非常感人的送别仪式,其中几个学生与我还一直有联系。作为来自中国的老师,当地的华人学生给了我们非常多的鼓励和动力。我发现,不只是教学相长,老师和学生的用心程度真的可以高度接近。我很感恩那段时间的历练,也从此不再怀疑自己做的选择。

上海交通大学—马来西亚全球汉语文化学院教师合影（右二为本文作者）

他们说老师的认真态度很打动他们，而我又何尝不为他们的执着和不放弃而感动呢？说起来，和这些"少数派"较劲的经历，是真正提醒我不忘初心、激励我知难而进的宝贵财富。事后回想起那段难熬的日子，心中满是感恩，正是学生里既有"喂不饱"也有"吃不下"的反馈，才逼得我短短几个月内就吃透了中高级几乎所有的常用教材，也为后来正式编写教材做了一些准备和训练。

为提高教师业务水平，做好课程建设，学院一直扎根短期课程，深挖教师培训、儿童汉语，打造特色商务汉语课程。最初的基础汉语培训皆由上海交大国际教育学院全面参与，由其制定教材，并由交大派出专家教授进行初期的教学实践指导、管理监督及师资培训。因此我们从一开始就有着较为完整的教学系统，其中精品课程是以听说为重点，兼顾读写的基础汉语，课程共有 6 级，每一级为 50 个小时，分为精读课及口语听力课两种课型，分别由两位教师穿插进行授课，一名负责精读部分，一名负责口语听力。2010 年学院在教学重点及教学方法方面都做了一些改变,并以适应马来西亚本地学生的特点为目标,对原有教材进行了整合,教学效果再上一个台阶。中心开办的第一个基础汉语培训从第一级一直坚持到最高级,学生从完全零起点到可以就某些事件发表自己的看法,从一个字都不认识到可以阅读三四百字的文章,可以说是个很成功的案例。

学院还与时俱进,在课程建设方面争开拓创新。2009 年前后,孔子学院就针对有需求的商务人士推出了线上中文课、报章团购课等,不时在大马中文培训和教商界有令人眼前一亮的尝试。学院坚持把快乐教育理念带进汉语学习,改变了不少学生"学汉语很难"等先入为主的观念,逐步营造"学汉语很酷"的氛围。这些尝试和努力无论是在当地,还是在走出马来西亚的其他项目中,都获得了认可。

针对特定团体的特定需求,学院为其定制课程和编写教材,例如根据马来皇家警察厅学习需求编写的《警察汉语》,后来成为近 3 万马来西亚警察进修汉语的教材。

另一较有特色的是面对低龄儿童的熊猫汉语课程。毋庸置疑,华文教育需要从娃娃抓起。全球汉语学院从创立伊始就积极开展儿童汉语教学推广,与吉隆坡及周边上百所幼儿园达成了不同程度的课程合作意向。

在课程基础内容已反复实践的中华国际汉语研究院出版的《等级汉字》教材的基础上,学院增加了"熊猫汉饼"等专为儿童设计的识字游戏,主要情节设计是小熊猫勇勇通过售卖汉字饼干的方式逐步完成自己周游世界的梦想。这不仅是一套汉字学习系统,还立足于培养儿童"礼乐书数体技"六方面的能力。学习过程中穿插着儿歌、绕口令等趣味性较强的中文通识性教学内容,且鼓励家长和孩子一同学习。这个项目一经推出就受到当地多所幼儿园的欢迎,几乎所有经历过这个项目的老师都表示希望有机会继续这个有趣的体验。

也正是因为在汉语教学及文化传播方面的各种努力和持续贡献,全球汉语于 2010 年 9 月被中国汉办评为"魅力孔院"。

作为一所学企合作的孔子学院,区别于学学合作(中方大学与外方大学合作),其特点是重行销、重效率,不能等市场送上门、等规模自动形成。我所在的这所大马全球汉语孔子学院成立伊始,就瞄准非华裔人士、华语教师、大学中文系学生、已经或有意在中国投资的企业等,组织了"学习标准汉语与提升自身能力""学习标准汉语与融入世界经济圈的关系"等多场演讲会,让汉语学习的益处深入人心。与此相关的是,全球汉语孔子学院还拓宽思路,不但走向东南亚其他国家,促进相互交流、相互提升,例如与泰国农业大学附属学校合作创办华语夏令营,而且还组织移动教室,将课程带到中国,把上千名学生带到北京、上海、苏州等地,开展沉浸式中文教学,从而进一步充实马来西亚华文教育。

印象较为深刻的经历,还有曾参与面向当地师资推出的培训课程。

马来西亚的华小和独中体制内的 70 万名学生,从他们的大约 2 万名华语老师那里所学到的是带有浓厚马来西亚"特色"的华语(马式华语)。全球汉语学院作为推广标准普通话的机构,希望能系统地、有效地再培训华小教师,因为他们是提升华裔后人普通话能力的最直接和最关键的人士:如果孩子们在小学就已经掌握了标准普通话,长大之后,他们就不需要再花费精力重塑中文能力。

而且我们在马来西亚明显感觉到,越是低龄的华人,华文学习动力越不足。原因不只是大环境的影响,客观地说,能深入浅出地引导学生爱上华语的老师少之又少,所以我们希望尽可能地借由各类培训给本地老师们"赋能"。

2007年第二个季度,学院面对本地的华文教师推出了"正音和教学教法"课程,计划在1300个华文小学的30000名教师中推广。如果计划顺利实现,就有640000名小学生可以受惠。当时推行的这项华小华文老师与普通话接轨培训课程需要受训老师通过普通话水平测试这一考核。每位参与培训的老师将接受由教育部语委制定的普通话水平测试。这一要求看似寻常,但是对于本土老师来说却是困难重重。因为马来西亚语言混杂的情况非常常见,当地的一位华文老师就说:"我们有一些马来西亚华人看起来像是没有母语的族群。我们能说多种语言,但却不能用单一的语言来完整地表达自己的想法、与人沟通。我们总是在一段话里掺杂着各种语言,慢慢就越来越不习惯用中文表达。"这话乍一听起来似乎有些小题大做,但却是不得不承认的遗憾。

我们几位中国来的专职教师考虑到其中的难度,为了培训更有效,事先做了很多的功课,并编写了一整套讲义和教材,在课上从语音、词汇、语法、语用、修辞表现及汉字应用等几个角度条分缕析地梳理马来西亚华语和标准汉语的不同,并通过组织"标准汉语与马来式华语的区别"研讨会等形式,逐步提高教师的专业素养。

当然,我们也并非一味同化本地老师,学院定下一个授课基调:既强调尽量向普通话靠拢,尽量以中国的规范为标准,以保留共同的华语核心,也强调加强交流,让语言比较自然地融合。

面向马来西亚华语教师的普通话培训自编讲义

规范汉语词汇	马来西亚式词汇	规范汉语词汇	马来西亚式词汇
看不到	看没有	开车	驾车
多少	几多	林先生、林太太	林生、林太
开灯	开火	幸好	好彩
吃盒饭	吃饭盒	古董车	老爷车
百分之五十	五十巴仙	出租车	德士
卡车	罗里	公共汽车	巴士
菜市	巴刹	自行车	脚车
礼券	固本（coupon）	钥匙	锁匙
三明治	三文治（sandwich）	干爹	契爷
集装箱	货柜（container）	放高利贷者	大耳窿
火灾	火患	皮条客	姑爷仔
老年人	乐龄（senior citizen）	姥姥/奶奶	婆婆/外婆/祖母
手机	大哥大	家具	家私
这是什么颜色?	这是什么色?	豆芽	芽菜
这条马路很宽阔	这条马路很阔	凤梨/菠萝	黄梨
这（一）次	今次	绿	青
这（一）期	今期	红绿灯	红青灯
什么时候	几时	发热	热气
脸盆	面盆	洗澡	冲凉
纸巾	面纸	作业	功课
上市	面市	摩托车	电单车

此类培训刚开始时反响很热烈，但是相关学校都是靠华社资助，无法负担学费，因此只能靠募款赞助，后来进展就慢下来了。同时，初期的教师培训效果也不尽如人意。因为教师平时

要上班,所以把 3 年的课程压缩在 10 个晚上完成,效果难免不尽如人意。如此种种,让我们不得不逐渐接受一个事实:培训在职老师不是最有效提升中文教育水准的方式,我们要想更多办法提高效能,更要想一些别的出路。

为此,我们一方面和上海交大的几位专家群策群力,讨论开发整合出一个更有效的授课方式,如远程教学的可行性;另一方面与教育部门一再沟通提供给在职老师们不脱产的本科学习方案和配套支持。学院还将此课程规划为一个五年计划,而且打算逐渐结合实践经验,开发出一套多媒体和网上培训的配套教材。

为了给马来西亚培养更多高水平的种子教师,孔子学院相继有了其他了不起的努力:一是在当地大学组建汉语言文化本科学历课程;二是与上海交通大学合作共同培养了三届共计 103 名汉语言文学专业本科生,三是与马来西亚苏丹再纳阿比丁大学合作进行双学位培养和商务汉语硕士培养的探索。这些无疑都是非常积极有益的努力。

有光的日子里,当下即是未来。在推广汉语这件事情上,各位老师的工作不再只是教书育人,我们跟着院长一起做方案,尝试了一次又一次。我们不仅创造条件给当地老师提供进修的机会,还积极走进校园,尽一切可能给当地的华文师资提供进步的阶梯。在当地华人那颗振兴华语的拳拳之心面前,我们这些文化小兵也想出份力。我们都逐渐意识到,在推进华语教学质量的道路上,可以说还有很多可以尝试的方向和努力,也可以说还有太多需要面对的困难和无奈。当然,也正是这些感触,催生我们后来做出一些令人心动的新尝试。例如,学院在 5G 还没被提出、互联网还不是那么发达的时代,推出了团购课、线上课等非常新颖的授课方案。因为大众对远程授课的效率持怀疑态度,这些方案并没有获得多大的成功,但类似这样遇到问题努力想办法的体验,无疑成为我们人生的一笔财富。

也正是这些小小的细节,充盈了我异常热血的大马记忆。现在每每想起来,我还是非常怀念彼时的热忱和坚定。

作为一名中文老师,我一直都很欣喜地看到中国政府充满信心地开展汉语国际传播与推广事业,并意识到如果能够在马来西亚建立起一个更有效的汉语教学推广体系,也将有助于中国在整个东南亚顺利推广汉语,此举对进一步加强中国与东盟的国际战略关系必将有重要意义。

在这些年的汉语推广过程中,我对国务院参事、国家汉办原主任许琳接受《对外大传播》记者采访时说的那段话有了更深的体会:"汉语国际推广不是纯教育。特别在向国际上推广的时候,就更是一个文化产品。我们必须要以产业来运作,由市场来运作,如果不走这条路,汉语教学绝对没有出路。"全球汉语学院在2014年因与上海交通大学理念不合,终止了合作。之前诸多努力和创新,后来都无疾而终,甚是遗憾。但我们都相信学院这近十年的努力没有白费,马来西亚的华语教育一定会越来越好。

记得离开孔院时,院长对我说:"在这里经历了这些,相信今后你们无论去哪儿教学,你们都没问题。"这句"心灵鸡汤",甚至是我日后走向其他岗位的力量源泉。在后来的一份新工作中,我曾遇到过领导在布置工作时暗示可以"简单应付"的情况。因为自己在工作中从来没有对付的习惯,因而有些痛苦。也正是这样的品质,让我不久后成了单位里最可靠的那一分子。

漫漫人生路,"吾将上下而求索"。其实我们所有的经历,不外乎两件事:认识这个世界,认识我们自己。我很幸运在年轻时曾和一群可爱的同人在大马度过了那些闪光的日子。现在我全家移居新加坡,不时唏嘘,新加坡人的整体华语水平,落后马来西亚太多,实在是可惜。在未来的人生道路上,希望自己能一直记得当初的那份热忱和努力,不忘初心,多一些坚持和勇敢。

（本文作者李瑛,曾任上海交通大学—马来西亚全球汉语文化学院的对外汉语教师,被派往马来西亚工作 4 年,现居新加坡,任法国某商学院中文教师）

五星级酒店微笑大使

　　"老师好,我叫 Yee Xin Mei(叶心美),您可以叫我小叶,或者小叶子。"初识小叶是一次偶然的机会,2019 年因为工作需要,我正在组织一场对外国留学生的访谈,应邀前来的有来自美国、法国、墨西哥、哈萨克斯坦、塔吉克斯坦以及马来西亚等不同国家的留学生。国际学院的老师早前就给我打了预防针,留学生"可能"有的时间观念不强。到约定的中午 12 点,我和摄影老师已在拍摄场地做好准备,意外地看到一个娇小的身体从教室门缝挤进来,很有礼貌地和我打招呼,脸上洋溢着非常真诚的微笑,一口流利但带着点粤闽方言腔的普通话和这自报大名小名的开门见山,让我完全没有反应过来她是留学生。当然,没有语言障碍的交流也使得此次采访活动异常顺利,让我对马来西亚也有了些了解。随后陆续而来的几位留学生和她颇熟,小叶在中英文流利切换中,和大家相谈甚欢。此次相见,改变了我对留学生的一贯认知,不同国家的留学生特点迥异,了解一个国家也许可以从了解这个国家的留学生开始,而认识小叶也让我对马来西亚有了更多的好奇。

　　有缘必会重逢。一个月后,我接到本校国际学院发来的任留学生赴酒店实习指导老师的通知,按照惯例,需在国际学院相互认识,令我惊喜的是,这次指导的实习留学生正是小叶。一回生、二回熟,和指导其他留学生不一样,三言两语我就交代清楚了行前准备,并与小叶约好了具体出发时间,我可以感受到,这姑娘对接下来的工作充满了期待。是啊,能在青春年华有机会去国外留学,并能在五星级酒店工作,确实是一段令身边同龄人羡慕的经历。

从学校出发去杭州国大雷迪森广场酒店①的日子,正逢杭州梅雨季节,潮闷的天气令人情绪低落,加之早高峰市区拥堵带来的焦虑,让我一度纠结是打车还是自驾前往。最终,我还是决定自驾送小叶去酒店,一来考虑到她有行李,出租车出入不方便;二来想到自己在国外留学曾得到朋友帮助时的心情,感同身受。我希望小叶也能觉得,在中国她不仅有老师和同学,有领导和同事,还有中国朋友。一见面,就看见她拖着一个又大又沉的箱子和好几包零碎的生活用品,完全无法想象这里面究竟都装了些啥(后来了解到,里面有很多马来西亚的小特产,准备赠予新同事们)。她依然是笑脸盈盈的,这样的笑脸确实有治愈作用,让我瞬间觉得天空晴朗起来。我暗暗祝福这位姑娘,爱笑的女生运气不会差。

连续的几次见面,让我感受到这留学生和我以往带过的留学生的确不一样。

首先自然是语言上零障碍带来的便利,小叶祖籍福建惠州,自太公这一代下南洋后就定居在马来西亚槟城,虽然之前从未来过中国,但从小耳濡目染,一直在中国文化浸润中长大,初次见面的礼貌,初为职场新人的友好,无不体现出中华民族的礼仪教养。小叶说家人乃至槟城很多华人到现在还习惯讲闽南话,所以耳濡目染也很热爱中文和中国文化,父亲也一直努力给她提供中文学习的环境。从华文独立中学,到马来西亚

---

① 杭州国大雷迪森广场酒店(Hangzhou Landison Plaza Hotel)系杭州首家五星级酒店,曾获得中国 2010 首届"中国饭店金星奖",2016 年 G20 杭州峰会期间,成功接待西班牙总统一行。

拉曼大学,作为马来西亚华人第三代,她从未脱离华文语言和中华文化的学习,所以在口头表达上完全不输中国同学。这点在接受酒店面试时,就展现出了极大优势。也许在中国任何地方,会讲普通话的外国人,和会讲外语的本地人一样,实在是太受欢迎了。在拉曼大学老师的推荐下,最后小叶在上海、西安和杭州等几个城市中,选择了杭州。小叶虽然学的是国际贸易,但却对五星级酒店工作充满兴趣。她想在这个可以和中国人打交道的地方,充分地感受中国的文化。后来的实习和工作证明,这个选择是明智之举。

不仅是语言的通畅,和其他初来乍到的外国留学生相比,文化的相融使小叶给人的印象是没有距离感,有着独有的亲和力,以至于被经验丰富的酒店人力资源总监一眼相中,并妥妥地把她安排在酒店大堂,担任酒店的宾客关系主任(Guest Relation Officer,GRO,相当于大堂副理,主要为酒店客人排忧解难),她的国际身份加上职业微笑,定能为客人带来超值服务。

和其他 20 岁的小姑娘不同,她小小的个子,二话不说,一个人扛起至少 40 斤重的行李,一口气就走到没有电梯的四楼员工宿舍,要不是酒店总监给我解释"这是一个现场面试",我甚至有些责怪酒店缺乏对新员工的人性关怀。上楼的时候,小叶一边谢绝我的帮助,一边解释:"出来的时候爸爸叮嘱过,要学会独立,要不怕吃苦。"于是,这不怕吃苦的精神,几乎一直贯穿在小叶的整个实习过程中。除了做好自己的手头工作,她还会主动跑去餐厅和客房提供计时工服务,这不仅使她得到酒店全方位的学习机会,还有不多的酬劳,给家庭减轻一些经济负担。小叶在家排行老二,上有一个姐姐,下有一个妹妹和两个弟弟,算是生活在一个大家庭中。我常在她的朋友圈里看到她晒出自己的全家福，一家人四世同堂，和睦相处。小叶虽不是长女，但非常懂事，父辈们传承下来的不畏艰苦的家风，成就了小叶的优秀品质，也让人联想到当年华人远赴南洋艰苦奋斗的不易。此事一直被我拿来作为正面事例，说与我的孩子和学生听。

7个月实习期间，学校为她争取了每周四回校，继续参加学校组织的文化体验活动，所以我们偶尔相遇校园。从宿舍坐最早的公交，花费近两个小时的车程，就是想和学校的朋友们一起去感受中国发展，体验杭州文化。归来时，她满脸疲惫，但遮不住她对中国的热爱，依稀记得回国前她念叨着还要来中国，到浙江大学继续上学。就这点而言，留学生的态度倒都是一样的，在我带过的若干留学生中，很多学生回国后都一再期待能有机会再回到中国，回到杭州。其中有一个墨西哥女孩，真的来了两回，汉语学得棒棒的，第三年因为签证问题未能成行。由于汉语好加之在中国学习工作的经历，她顺利地在迪拜的一家高星级酒店大堂谋得职位，尽管如此，她依然心心念念地希望回中国工作。

在五星级酒店工作听起来光鲜，但作为职场新人，每天的工作其实是有点枯燥乏味且辛苦的，即便是本土的实习生，也难免出状况，或觉得受老员工欺负，或忍不得刁蛮不讲理的顾客，准大学毕业生的火气总是很旺盛的。而留学生由于文化的差异和语言的障碍，有时候更是需要我们紧急"灭火"，对于他们而言，有的之前并非学的旅游专业，有的曾在国外有类似的工作经验，无论是前者还是后者，都很难安排，尤其是他们很难与同事、顾客进行顺畅交流，往往导致两头委屈。他们的生活习惯很多与本土员工不同，为尽量避免事端，也是出于承担树立良好国际形象的责任，酒店多为他们提供优于本土员工的住宿环境和更多的关照。

作者李娜与马来西亚留学生小叶于实习酒店合影

　　较之以往的留学生,此次酒店的略显"怠慢"令我意外,然而更令我意外的是,小叶竟然被部门全票评为优秀实习生,不仅让其他实习生心服口服,也让我这指导老师颇感自豪。小叶的工作表现确实是有目共睹的,几乎每一次我去酒店,都能看到她始终如一地认真工作,对前来的顾客表示热情的欢迎,每一次相见都是笑脸盈盈的。直到最后实习期结束,酒店人力资源总监也是一再挽留,表达了酒店对如此宝藏般的实习生的不舍,并诚意满满地表示随时欢迎她回归。这样的员工或学生,我想是无人不爱的。

　　完全没有风波的故事听起来总会令人觉得不够真实,小叶的五星级酒店实习之旅也发生过一些插曲。

　　一般留学生最初会被安排在酒店的前台岗位,如大堂迎宾等,这种岗位既能展现形象优势,又无须太多语言交流,然而外国留学生普遍重视维权,且会主动沟通,时间一长他们会对被当作"花瓶"的安排表示异议。待调整到操作性岗位,他们又会觉得缺乏挑战,但难度系数再高点的工作则对语言和能力有诸多要求。酒店着实觉得无奈,最终会与国际员工达成工作要求,即"不求有功,但求无过",国际员工的价值也因此一直颇受争议。

小叶的遭遇却截然不同,她出众的表现招来部分实习生的嫉妒和排挤,热情的服务态度甚至引来个别顾客的轻浮言行,复杂的人际关系令她无比沮丧。尽管如此,她也几乎很少抱怨,这或许就是东方人和西方人的文化差异使然,而让她差点提前终止实习的,是酒店在宿舍上的调整计划。

由于从外貌到语言,与国人无异,以至于酒店几乎忘记了她的国际留学生身份。在酒店用工旺季,人力资源部提出要把原本安排给她的单人宿舍,变成两人宿舍,增加一位中国员工。此事令小叶情绪异常激动,许是认为酒店没有遵守最初的约定,或是她觉得存在文化差异,确实不愿和中国实习生同处一室,酒店的这一做法触碰了小叶的心理底线。作为她的实习指导老师,我一面引导她调整心态,并以合理的方式进行处理,一面也帮她与酒店进行协调,就国际实习生管理条例的完善做更多的探讨。在多重努力下,最终酒店高层管理人员对小叶的诉求给予了重视,基于对不同国家文化的尊重,保留了她单人宿舍的安排,在人际关系的处理上,也教给了她一些处理技巧,小叶的实习也在这小小插曲中渐入尾声。

2020 年 1 月,小叶结束了实习,顺利回到马来西亚,这段令人难忘的师生情不仅成为我职业生涯中的美好回忆,更是我对马来西亚展开研究的序曲。

至 2019 年 8 月,马来西亚赴华留学的学生总数约为 9500人,像小叶一样,他们来到中国留学,怀揣着对未来的美好憧憬。

去中国留学,对于马来西亚华人而言,也许是华人家族中几代人的心愿,马来西亚有着约占 1/4 人口的华人,祖辈们当年离开中国远赴南洋,但仍心心念念自己的祖国。去中国留学,不仅是化解长辈们的思乡心结,是回归故里的一种荣耀,也是华人后代对同源共祖华人文化的传承。尽管马来西亚仍保留了很多的华人文化,但在本土化的融合中,其逐渐失去原真性,或者过于保留传统的文化印迹,未能与中国的发展同步演进,那些多年未回祖国的老华人心中,还留着当年他们离开时家乡的模样。马来西亚华人后代们的中国留学之旅,便是培养他们知华、友华、爱华的最好时机。

"请君试问东流水,别意与之谁短长?"犹如李白这句古诗,我相信我和小叶终有流水再相逢的机会,中国留学之旅必将润泽海外中华儿女的文化基因,激发他们对中华传统文化的旺盛需求,促使他们更好地传承华人文化,筑牢中华文化自信。中华文化的传承发展,不仅要在中华大地上根深叶茂,还应当花开环球,让全人类追寻美好的人们共知、共享①。

去中国留学,也是中马高等教育合作带来的契机。早在2010 年,我国教育部推出"留学中国"计划,目标是到 2020 年接收 50 万名国际学生,来华学历生要达到 15 万人,成为亚洲最大的国际学生接收国和世界主要留学目的地国。结果到 2014年来华学历生即达到了 16.44 万人,当年目标已然实现。在蔚然成风的国际留学大背景下,中国与马来西亚的教育合作关系也在不断巩固,优惠政策越来越多。中马两国教育领域合作不断深化,通过政府引导找准合作重点,校校合作实现互利共赢。2019 年 7 月 22 日,由马来西亚教育部、中国东盟教育交流周组

---

① 刘宝存、王婷钰:《高等教育国际化背景下的来华留学生教育:进展、问题及建议》,《北京教育(高教)》2020 年第 5 期,第 8—12 页。

委会秘书处主办的中马大学校长合作对话暨中马高等教育展在贵安新区中国—东盟教育交流周永久会址举行,会议为中马两国高校签订中马大学联盟合作框架提供平台,为今后两国高校之间开展具体合作提供交流的机会。未来中国高校将更关注东盟国家国际教育市场,通过深入了解这些国家的国情、社情、民情,加快对外交流合作办学进程,增强两国青年之间的交流学习,为两国培养更多具有国际视野的全方位人才,以有效促进两国经济的发展。

在众多地区中,浙江一直是马来西亚学生留学的理想目的地,2021 年,马来西亚在浙江的留学生有近 600 人。为引进国外高校的优质教育资源、先进的教育教学理念以及办学和管理经验,早在 2019 年,浙江海洋大学就已与马来亚大学通过友好协商,达成合作意向,并签署了合作备忘录,两校的合作将从机械工程类专业开始。

"一带一路"沿线国家建设对人才的巨大需求,要求沿线国家开展更为广泛的国际教育交流与合作①。我国高等教育区位优势明显,不仅对沿线很多国家的学生具有强烈的吸引力,而且在推动"一带一路"建设和教育合作中理应发挥更大的作用。对此,2015 年国家发展改革委、外交部、商务部联合发布的《推动共建丝绸之路经济带和 21 世纪海上丝绸之路的愿景与行动》中提出,要扩大沿线国家相互间留学规模,开展教育合作,中国每年向沿线国家提供 1 万个政府奖学金名额。2016 年教育部再次发布《推进共建"一带一路"教育行动》的通知,提出要实施"丝绸之路"留学推进计划,培养大批共建"一带一路"急需

---

① 宗晓华、李亭松:《"一带一路"沿线国家来华留学生分布演变与趋势预测》,《高教探索》2020 年第 4 期,第 91—92 页。

人才,把中国打造成为深受沿线各国学子欢迎的留学目的地国。国家先后部署实施多项共建"一带一路"教育行动,与沿线国家继续拓展教育合作,来华留学生规模不断扩大。

国家政策的推动带来了显著的成效。统计显示,在过去的几年里,沿线国家来华留学生人数一直呈增长趋势,尤其是东南亚和南亚国家。根据教育部发布的统计数据①,2018 年共有来自 196 个国家和地区的 492185 名各类外国留学人员。在排名前 10 的生源国家中,"一带一路"沿线国家来华留学生人数共计 26.06 万,占总人数的 52.95%,"一带一路"沿线国家成为来华留学重要发力点。在排名前 15 的生源国家榜单中,韩国、泰国、巴基斯坦、印度、美国、俄罗斯、印度尼西亚、老挝、日本、哈萨克斯坦、越南、孟加拉国、法国、蒙古国、马来西亚位列其中。这 15 个国家来华留学生人数达到 278739,占来华留学生总人数的 56.6%。来华留学生的国别分布明显倾向于"一带一路"沿线国家。当然,由于"一带一路"沿线国家发展的不平衡性,以及政治、文化和地理上的多样性,这种人才需求与教育供给能力上的战略耦合,在实施过程之中仍会遇到诸多风险和挑战。②

对比 1999 年,"一带一路"沿线国家来华留学生数量排名前 10 的依次是尼泊尔、马来西亚、老挝、巴基斯坦、蒙古国、印度尼西亚、俄罗斯、新加坡、也门、越南。20 年前来华留学生总量十分有限,就连来华留学生人数最多的尼泊尔也仅有 384 人,我们不禁惊叹中国国际教育的发展速度。然而细观马来西

---

① 《2018 年来华留学统计》,http://jsj. moe. gov. cn/n2/7001/12107/1277. shtml。

② 宗晓华、李亭松:《"一带一路"沿线国家来华留学生分布演变与趋势预测》,《高教探索》2020 年第 4 期,第 98—99 页。

亚的位次,从 20 年前的亚军跌落到现在的第 15 名,较之泰国、印度尼西亚、老挝、越南等其他东盟国家,马来西亚赴中国留学的发展势头回落。但仅就马来西亚每年赴中国留学的人数来看,总体还是呈增长趋势。

相信未来会有更多的马来西亚年轻人希望来中国留学,不仅是为了丰富学习经历和开拓国际视野,更是对未来发展的构想。

刚回到马来西亚时,小叶和我电话中说起她的糗事,由于习惯了支付宝,她竟然带了个手机就出门,而且接电话时也会很自然地说"喂,您好",家人甚至说她连口音都变了。在中国的这段 7 个月的学习经历,尤其是在浙江外国语学院跨境电商学院学习的知识,加之在五星级酒店与中国人接触的经历,无疑是她求职简历上的最大亮点,对于疫情后的马来西亚产业复苏,这些经验也是极为宝贵的,所以小叶很快在马来西亚的一家中资公司——中建凯德①谋得一份采购的工作,并适应得很快。在这一年多的工作中,她再次真切体会到中马企业文化的差异,如中资企业工作的高强度和快节奏、企业领导对员工高度服从的要求等。同时,她也看到中资企业管理人员积极融入马来西亚文化中,大力培养当地优秀华人员工,并学习简单的马来语。

近年,中马两国政府在政治、经济、文化和教育等各方面的频繁互动,蕴含着无限机会。中国日渐强大,世界有目共睹,学习中文,了解中国文化,有助于进一步加强与中国的经贸往来。据了解,目前已有大量中资企业在马来西亚投资发展,马中共

---

①　中建凯德装饰集团公司前身为成都中建凯德建筑装饰工程公司,成立于 2007 年,总部位于四川成都,业务范围涵盖室内设计、预算、施工、材料等。

建关丹产业园,无疑将促进中资入马,并带动周边经济快速发展,留学中国已被视为非常吃香的经历。随着中国与海上丝绸之路沿线国家经贸合作的不断深入,高质量推进"一带一路"建设需要大量具有国际视野、适应区域经济社会需求的高层次人才,"语言＋专业"的复合型人才必将成为香饽饽,基于提高业务能力的需要,来华留学生人数必然增长。

　　马来西亚是中国"一带一路"倡议的重要节点国家,也是中国战略合作伙伴之一,教育、人文是推动两国发展的基础。未来欢迎更多马来西亚年轻人来中国留学、工作,在国家文化交流中担当"民间大使",绽放多元开放光彩,积极推动中国与"一带一路"沿线国家实现互联互通、共生共赢。

丝路学旅浙江行

2021 年 3 月,刚刚开学不久的浙江水利水电学院已是喜事连连,学校与"一带一路"沿线国家高水平大学合作交流再结硕果。3 月 26 日,马来西亚驻华大使馆教育处一等秘书蔡明升先生一行前往浙江水利水电学院进行考察,并积极促成中马两国学校全方位的合作。通过远程连线方式,浙江水利水电学院与马来西亚拉曼大学学院签署了《共建"一带一路"丝路学院合作备忘录》,中兴通讯作为海外共建企业参与签约。两校成立丝路学院,并在拉曼大学学院挂牌,为探索中马新型人才培养模式,开展师生互访、学术交流、文化交流、职业培训、学历教育、留学生教育,共享优质资源,起到了示范作用。

浙江省教育厅相关负责人高度肯定了浙江水利水电学院与"一带一路"沿线国家合作共建的实践探索,并指出丝路学院是浙江省高校"走出去"的一大创举,携手中方企业,真正参与到了"一带一路"沿线国家的交流合作中。

始建于 1953 年的浙江水利水电学院,是浙江唯一一所水利部与浙江省人民政府共建高校,全国 CDIO 工程教育联盟理事单位,浙江省应用型示范建设高校。学院一直积极以多种形式参与"一带一路"建设,通过与联合国国际小水电中心等机构开展合作,以各种形式的交流贡献中国治水智慧、治水方案;与英国、加拿大、澳大利亚、法国、德国、西班牙、白俄罗斯、乌克兰等 10 多个国家的知名高校建立合作关系,探索教师学术交流和科研合作、中外合作办学,努力拓宽师生的国际化视野。学校还积极引进国外优质资源,与白俄罗斯国立技术大学合作举办机械设计制造及其自动化专业本科教育项目获教育部批准。与国外名校共建联合实验室和研发中心,浙江—白俄罗斯水利水电安全监测智能化装备与系统联合实验室获批成为浙江省重点实验室。学校与白俄罗斯国立技术大学合作共建浙水院—白俄罗斯国立技术大学表面工程研发中心,助力企业攻克技术难题。除此以外,还与英国埃克塞特大学、美国加州大学河滨分校、澳大利亚南昆士兰大学、西班牙萨拉戈萨大学建立本硕联合培养项目。

　　受到疫情的影响,海外合作项目基本处于停滞状态,从地理距离以及疫情防控形势来看,完全恢复的可能性暂时很小,关于疫情防控常态化下国际教育交流工作该如何持续,浙江水利水电学院的领导们进行了深入思考。

浙江水利水电学院与马来西亚拉曼大学学院举行在线签约仪式①

---

　　①　图片由浙江水利水电学院提供。

2020 年 12 月,学校领导带队赴北京参加中国教育战略发展学会国际教育论坛。在论坛上,浙江水利水电学院与教育部国际司就疫情防控常态化下构建新型教育对外开放工作机制等内容展开了深入研讨。随后,学校有关人员专程赴马来西亚驻中国大使馆,会见教育参赞侯春兴(Aziz How Abdullah),并就未来在合作办学、师生访学、双向留学、科研合作等方面开展合作,推进与"一带一路"沿线高水平大学进行交流,达成初步合作意向。

有了两国政府官员的积极推动,浙江水利水电学院与马来西亚高校的联姻顺利结出硕果——与拉曼大学学院合作建立了丝路学院。

在这一合作基础上,浙江水利水电学院与马来西亚能源大学的合作也被提上了议程。

乍一眼看去,浙江水利水电学院与马来西亚高校的合作,似乎是学校领导北京之行的意外收获,然而"巧得很",就在两个月之前,浙江另一所高校的丝路学院也在马来西亚马六甲揭牌。

2021 年 1 月 28 日,义乌工商职业技术学院与马来西亚 ITS 工业培训及服务有限公司共同组建的马来西亚义乌丝路学院在马来西亚马六甲正式揭牌。100 余名中马两国政府官员、企业家、专家学者在义乌和马六甲两地见证马来西亚义乌丝路学院揭牌仪式。

此次义乌和马六甲两座丝绸之路上的城市走到一起,是丝绸之路沿线城市在人文和教育领域开展合作的重要探索和机遇。在《区域全面经济伙伴关系协定》签署和东南亚数字经济超高速发展的双重背景下,马来西亚义乌丝路学院的成立开启了中马双方人文、教育交流与合作,尤其是电商人才培养合作的新篇章,双方将秉持共商、共建、共享原则,互通有无、互学互鉴,相互促进,实现优势互补、共赢发展。

在揭牌仪式上,马来西亚ITS工业培训及服务有限公司总裁高度肯定了义乌工商职业技术学院的创业教育、创意教育模式和社会效应。在数字经济快速发展的背景下,中马两国将以马来西亚义乌丝路学院为平台,整合义乌小商品市场资源、义乌工商职业技术学院创业教育品牌、ITS工业培训中心企业和课程资源,为中马青年和中小企业主搭建交流合作的桥梁,推进电商孵化中心建设,培育电商创业人才。

如果说上述两所学校实属巧合,那么接下来的一系列新闻或许会让你有新的发现。

2019年5月2日,浙江纺织服装职业技术学院与罗马尼亚胡内多阿拉省国立杨库学校合作成立丝路工匠学院。

2019年6月1日,浙江建设职业技术学院与菲律宾八打雁州立大学签署中菲"一带一路"建筑技能人才丝路学院战略合作协议,与菲律宾浙江总商会签署战略合作协议。

2020年6月11日,浙江省唯一一家从事农业跨国人才培育的"一带一路"丝路学院——乌兹别克斯坦鹏盛丝路学院落地瓯海,学校由乌兹别克斯坦塔什干国立农业大学、温州科技职业学院(温州市农业科学研究院)、乌兹别克斯坦鹏盛园区三方合作设立。

2021年1月18日,浙江金融职业学院与浙江华立海外实业发展有限公司正式签约,共建浙金院·华立丝路学院。同年4月,该校与浙江森马电子商务有限公司正式签约,共建浙金院·森马电商丝路学院。

2021年6月4日,在浙江纺织服装职业技术学院、中东欧相关合作院校、中东欧相关合作商会及企业等的发起下,中国

(浙江)—中东欧跨境电商产教联盟在宁波成立,浙纺服院中东欧丝路学院揭幕同时进行。

在这些不完全统计的新闻中,"丝路学院"高频出现。顾名思义,丝路学院就是通过创新办学机制体制和人才培养模式,以服务"一带一路"倡议为目标,为多元文化背景下的国际产能合作提供复合型、跨文化的人才的专项育人机构。目前,国内已有多所高校开设丝路学院,其创办模式可能各不相同,但基本都是由学校联合"一带一路"沿线国家高校或相关机构共同建设。

对于浙江省,2019 年是推动共建"'一带一路'丝路学院"计划的第一个年头。

为抓住"一带一路"建设的重大机遇,服务企业和学校需求,2019 年 5 月 9 日,浙江省商务厅、浙江省教育厅在杭州职业技术学院召开共建"'一带一路'丝路学院"校企对话会,来自浙江省的 40 所高校和 56 家企业的 100 余名代表共商合作新模式,探讨"走出去"到"一带一路"沿线国家共建"丝路学院"的话题,并提出计划未来三年在"一带一路"沿线国家建 15—20 所"丝路学院"①。当日,浙江省教育厅和浙江省商务厅签署《省教育厅省商务厅合作共建"'一带一路'丝路学院"谅解备忘录》,进一步明确了政府积极鼓励校企合作,希望高校帮助企业培养懂汉语、懂中国企业标准和文化的当地应用型人才,企业支持高校开展境外办学,计划通过 3 年时间,建设一定规模的"丝路学院",届时将实施人才培养、技能培训、国别研究、政策咨询、文化交流等项目,形成"企业走出去在哪里集聚,教育就办到哪

---

① 《我省推进校企合作共建"一带一路"丝路学院》,http://jyt.zj.gov.cn/art/2019/5/9/art_1543973_34026658.html。

里"的工作格局和基本模式。在参会嘉宾的共同见证下,杭州职业技术学院与海兴电力股份有限公司,浙江经贸职业技术学院、浙江机电职业技术学院和华立集团签订共建"丝路学院"意向书。

浙江省共建"'一带一路'丝路学院"校企对话会①

会议中浙江省商务厅副厅长胡潍康感慨,目前企业"走出去"需求不断增长,但复合型跨国经营和专业技术人才成为一大短板,希望浙江发挥特色优势,校企合作共建"一带一路"国际化人才培养平台,突破"走出去"国际化人才瓶颈。

浙江省教育厅副厅长丁天乐从扩大"一带一路"朋友圈、培养"一带一路"国家留学生、设立境外办学机构、开展区域与国别研究、组织面向"一带一路"的各类培训等 5 个方面,介绍了浙江省在积极融入"一带一路"倡议过程中所取得的成绩和亮点,并希望通过校企对话会搭建平台,帮助学校和企业建立深度合作关系,推进"一带一路"教育合作向纵深发展,提升浙江省产业竞争力和教育国际影响力。

作为中国第一所伴随中资企业"走出去"在柬埔寨建立海

---

① 图片网址 http://jyt.zj.gov.cn/art/2019/5/9/art_1543973_34026658.html。

外丝路学院的学校,温州职业技术学院校长方益权分享了该校与柬埔寨共建丝路学院的经验,并提到"产教融合的'丝路学院'是院校国际化必经之路"。

2018 年 5 月 27 日,柬埔寨温州职业技术学院亚龙丝路学院在江苏无锡举行签约仪式,柬埔寨国家技术培训学院校长约克·索斯(Yok Sothy)博士及其率领的教育考察团、温州职业技术学院党委书记王靖高、亚龙智能装备集团股份有限公司董事长陈继权等人出席了签约仪式,三方共同签署了《共建柬埔寨温州职业技术学院亚龙丝路学院战略合作协议》,这标志着三方将开展合作,组建教育共同体,在前期工作的坚实基础上,综合施策,精准发力,对柬埔寨及"一带一路"沿线国家和地区的高技能人才培养方式进行新的探索和创新。亚龙智能装备集团股份有限公司不仅为合作专业提供先进的教育装备、软资源和技术培训认证服务等,还将提供"做学教一体化"的实训室方案及环境设计,以及为中国企业到柬埔寨投资提供培养本土化人才的服务,在职业教育人才培养整体解决方案、专业标准、运行机制、保障体系、文化交流等方面进一步积累国际人才培养经验,为服务地方发展、促进中外教育交流做出积极贡献。同时,作为柬埔寨和东盟各国教师的培训基地,亚龙也将讲好"中国故事",做好院校文化、企业文化、行业文化、工匠精神等中国文化的传播,使中国理念得到更广泛的国际认同。该校首个对外招生的电气自动化专业已经在 2018 年 11 月开学。

2018 年是中国改革开放 40 周年、中柬建交 60 周年,也是"一带一路"倡议提出 5 周年,这一合作可谓意义非凡。在围绕"一带一路"倡议开展人才培养的趋势下,温州职业技术学院与亚龙智能携手合作,把丝路学院开到柬埔寨,这是推动两国加强合作的实践,也是双方进行深度产教融合的重要举措。该项目已被纳入"中国—东盟中心交流项目",不仅成为两国示范性产教融合、校企合作、职业教育培训的办学机构和研究机构,也为浙江省共建"一带一路"国家丝路学院打造了国际样板。

浙江省推行"'一带一路'丝路学院"共建计划,不仅是多国教育共建的积极推动力,也是校企国际合作的创新实践,华立集团股份有限公司党委书记肖琪经作为企业代表表达了参与合作的热情和社会担当。他表示,与职业技术学院联手共建丝路学院,创造企业学校抱团输出软实力的样板,不仅能给中国企业培养合格的外籍工人或中级管理者,还能帮助职业技术学院扩大影响力,实现互利共赢。以中国较完善的教育体系培训大量熟练技工、技师、班组长、工段长和车间负责人,这一制造业软实力正随中国企业大规模海外投资,越来越受所在国政府、企业和员工的欢迎。创建于1970年的华立集团,是一家历史悠久的杭州老牌民营企业,涉足医药、仪表及电力自动化、生物质燃料、新材料、国际电力工程及贸易、海外资源型农业等产业,位列中国企业集团竞争力500强、全国民营企业500强。此次其与浙江经贸职业技术学院、浙江机电职业技术学院等院校的合作,必将为"一带一路"国家人才培养贡献浙江企业的智慧和经验。

在政府部门的积极推动下,此次参会的40所高校的办学特色都比较鲜明,这些高校中有的已经在海外设立了孔子学院,有的已具有"走出去"的办学经验,有的已经开展了区域国别研究。而此次浙江省商务厅所推荐的56家企业,包括浙江省重点培育的本土民营跨国公司、对外承包工程重点企业、境外经贸合作区中方企业以及部分从事人力资源服务的公司。这些高校和企业对推进"丝路学院"建设都有很强的意愿。

我们可以构想一幅美好画卷,未来在"一带一路"沿线国家,我们举手抬眉之处便可见浙江商人、浙江企业,还有由浙江高校在当地创办的丝路学院。到那个时候,我们就可以听到"一带一路"沿线各国的人民传颂更多的浙江智慧和中国故事,可以看到更多丝路学院毕业的优秀人才奔赴"一带一路"倡议的各个合作领域。本次会议体现了浙江省主动对接国家"一带一路"建设,积极服务域内优势产能"走出去"的整体态势,有效激活了浙江省高职院校的社会服务功能,满足"走出去"企业本土化技术技能人才供给侧改革需求。

除了职业教育的海外输出,浙江各类高校均在与"一带一路"国家的人文交流中砥砺奋进,尤其是随着疫情防控常态化发展,浙江大学建设"一带一路"国际医学院,浙江大学、浙江工业大学、浙江财经大学等14所高校的18个研究机构入选"一带一路"建设智库支持单位,浙江工商大学成立"中阿一带一路研究中心",聚焦中阿经济文化研究;浙江外国语学院开出了全省首个土耳其语专业,并邀请目前国内唯一一位土耳其语专业教授沈志兴加盟……浙江通过建设文化窗口,弘扬和光大"丝路精神"。

为全面提升浙江高等教育办学水平和竞争力,大力实施教育现代化战略和高等教育强省战略,根据《浙江省国民经济和社会发展第十四个五年规划和二○三五年远景目标纲要》《浙江教育现代化2035行动纲要》《浙江省教育事业发展"十四五"规划》等文件精神,结合浙江省高等教育发展实际,2021年6月18日,《浙江省高等教育"十四五"发展规划》发布。

规划报告对教育对外开放质量提升工程提出了具体意见,要强化"留学浙江"品牌培育,建设100门外语授课来华留学品牌课程和10个来华留学教育示范基地;新增5所高水平中外合作办学机构;服务"一带一路"倡议,建设5个涉外培训基地,新增 10 所海外丝路学院；加强国际理解教育，在全省中小学培育 100 门国际理解品牌课程。鼓励有条件的高校与企业携手走出去，在"一带一路"沿线国家共建"海外丝路学院"，推进"中文＋职业技能教育"项目建设，培养企业所需的本土化人才。加强涉外培训基地建设，积极承接"一带一路"各类人才培训。加强高校国别和区域研究智库建设，为服务"一带一路"倡议提供智力支持。深化与中东欧国家合作，提升中国(宁波)中东欧教育交流活动影响力，打造对中东欧教育合作高地。深入实施"千校结好"提升工程，推进中小学校开展深层次的国际交流与合作，积极学习国际先进办学经验，不断提高学校办学水平。深化友好城市教育合作，加强中外人文交流。加强中小学国际理解教育，培养人类命运共同体意识。

中马两国交流历史悠久，马来西亚更是古代中国海上丝绸之路上的重要商贸国。中国与马来西亚自建交以来，两国关系逐步进入全面、稳定与务实的发展轨道。"一带一路"倡议的提出促进了两国关系迈入新的发展阶段，有利于提升两国在经贸、金融与教育等多领域的务实合作水平。中马两国在高等教育交流与合作领域已取得一定的成绩，形成交流合作平台成效显著、人员交流与合作扩大、合作办学形式多样等特点。在中国提出"一带一路"倡议后，中马两国开启了多领域多方面的深入合作，其中教育作为连接国际交流的重要部分，中马深入开展高等教育合作有利于实现"一带一路"的战略目标。未来两国必将实施更多合作办学模式，双方互设分校，与企业合作，开展远程办学，共建海外丝路学院，共同推进"一带一路"行稳致远。

2020 年初，一位来自马来西亚的留学实习生在结束她的浙江留学生活时信心满满地说："我在浙江外国语学院学习了汉语、中国传统文化等课程,并且在杭州的五星级酒店实习工作。回国后我想当一名酒店职业经理人,为马来西亚的旅游发展做出自己的贡献,为来马来西亚旅游的中国游客提供更好的服务。"截至 2020 年,浙江外国语学院已与马来西亚拉曼大学、马来西亚泰莱大学以及马来西亚南方大学等多所院校开展合作,双方相互输送国际交换生源。

2021 年 10 月,浙江省教育厅、商务厅再次共同发布《关于推进"一带一路'丝路学院'"建设的指导意见》,明确了"丝路学院"建设要求,并面向全省高校开展了"丝路学院"信息申报工作。2022 年 6 月 7 日,浙江首批 29 所"丝路学院"经审核并公布,其中在马来西亚境外办学的有四所,包括浙江科技学院的 ZISU-SIA 丝路国际学院、浙江经贸职业技术学院的康博丝路学院、义乌工商职业技术学院的马来西亚义乌丝路学院、浙江经济职业技术学院的马来西亚鲁班工坊等。

站在新一轮对外开放的起点上,浙江正在全力争做国家"一带一路"教育行动的排头兵,积极打造"一带一路"枢纽,浙江丝路人才工程建设已吹响新时代对外开放的号角,大步跨入新的征程。

海上结亲缘

风从海上来,情从海上起,梦从海上升。自古以来,只要有海的地方就有中国人寻梦的足迹,只要有华人的地方就有割不断的亲缘。

早在公元 671 年,唐朝义净法师①就从齐州(今山东济南)南下,经濮州、曹州、扬州,到广州取道海路至天竺(印度),历经 20 多年,游历 30 余个国家后携大量梵本佛经归国,终生译经不辍。义净西行求法,途经室利佛逝国(今印尼苏门答腊岛)并停留半年学习梵语和佛教典籍,再往西经过马六甲海峡,到达羯荼国(今属马来西亚半岛吉打州),居住了近一年后,继续向北到达裸人国(今印度尼科巴群岛),后又行了半月,于 673 年初如愿抵达耽摩立底国(今印度加尔各答)。义净法师不仅求得梵本经文近 400 部,合 50 余万颂,还将取经求法过程中所经国家的风土人情以及生活所遇都随行记下,并写成了《大唐西域求法高僧传》和《南海寄归内法传》两本著作。695 年,当义净法师携大量佛经回洛阳城时,武则天亲自出城于上东门外迎接,可见其在当时社会的重大影响。

义净法师西行求法和译经之行推动了中国佛教理论的发展,而其详细记载的海上丝绸之路沿途国家的历史地理文化,

---

① 　义净法师(635—713)是与法显、玄奘齐名的"三大西行求法僧"之一。法显是陆路西出,海路返航,玄奘来回走的都是陆路,唯有义净循海路出行,可谓是真正的古代海上丝绸之路的先行者。

为研究古代海上丝绸之路和东南亚汉学传播提供了重要史料，义净法师也因此成为首位用文字记载马来半岛和印尼巨港的历史人物。因为义净法师，马来半岛的历史更是从原本14世纪的马六甲王朝，推前到7世纪的吉打，填补了东南亚古代史上700年的断层。如今，马来西亚吉打州考古博物馆内建馆史上写着"没有义净的记录，就没有古吉打王国的历史"，在吉打发现的多处遗址，也都佐证了义净法师记载东西方文明在马来半岛汇合的史实。

义净法师是践行海上丝绸之路精神的先驱者，也是中马结下海上亲缘的首位寻亲人。

较之国内学者对义净法师的鲜少了解，郑和下西洋的故事可谓家喻户晓。明朝郑和七下西洋，五次驻节马六甲，并留下了大量中马两国往来互访的正式记载。600多年前这位三保将军，可谓是中马海上亲缘的探亲人。

这份亲缘，在两岸先贤志士们前仆后继的努力下，变得越来越厚重、深远。

正是因为这份亲缘，国有忧则与之同忧。

近代中国民主革命伟大先驱者孙中山先生，为推翻在中国延续2000多年的封建帝制，提出"振兴中华"，倡导"三民主义"。其矢志不渝的奋斗历程，也早已与马来西亚有着不可分割的渊源。

孙中山曾在1905—1911年间数次下南洋访槟城，有"九次革命，五过槟城"之说。2001年孙中山槟城基地纪念馆开馆，马来西亚总理马哈蒂尔亲自主持开幕仪式。

槟城可以说是孙中山革命事业的转折点。从1895年到1910年，孙中山接连发动了9次起义，均以失败告终，革命事业跌至谷底。孙中山先生于1910年7月19日来到槟城，将同盟会南洋总机关部从新加坡迁到槟城,附设于打铜仔街 120 号的槟城阅书报社内(现为孙中山槟城基地纪念馆所在地),后在此创立了至今世界报业史上发行最悠久的华文报《光华日报》。11 月 13 日,孙中山召集同志在槟城柑仔园 404 号寓所筹划新的武装起义——广州起义(即黄花岗起义),次日在槟城阅书报社再次召开大会,这个会议被称为"庇能①会议"。会上孙中山发表演说为起义募捐,其以天下为公的精神深深感染了与会者,并当场筹得八千大洋。对于刚历经 9 次起义失败以及听闻母亲去世噩耗的孙中山来说,此时正是他革命生涯中最困苦的日子,槟城革命党人的拥护支持,犹如亲人一般,为他注入了一剂强心针。

1911 年 4 月的黄花岗起义揭开了辛亥革命的帷幕。然而此次起义再遭失败,名垂青史的"黄花岗七十二烈士"中,有四分之一是南洋华侨,其中 4 人来自槟城。

革命党人并没有泄气,在孙中山的组织领导和革命精神感召下,大家"以浩气赴事功,置死生于度外",最终于 1911 年 10 月 10 日迎来了武昌起义——辛亥革命的成功。辛亥革命推翻了清朝的统治,结束了在中国延续几千年的君主专制制度,点燃了积贫积弱的中国走向独立自强的火种,为中国的文明进步打开了大门。

马来西亚槟城古迹信托会主席林玉裳女士,是一位长期致力于华人文化传播和潮汕文化保护及传承工作的马来西亚第三代华侨,她曾感慨"如果没有庇能会议,中国近代史有可能要重写"。2016 年,马来西亚多地隆重庆祝孙中山 150 周年诞辰,彰显了中马友好的深厚渊源。

----

① 庇能(PINANG,马来语),为槟城的旧称。

正是因为这份亲缘,国有难则与之共难。

在马来西亚的槟城,还诞生过一位挽救过中国国运的人物。他不但是中国现代医学的奠基人之一,还是剑桥大学第一位华人医学博士,也是诺贝尔奖史上首位华人候选人,但也是一位低调的医学斗士。他叫伍连德,字星联。梁启超先生曾赞誉此人:"科学输入垂五十年,国中能以学者资格与世界相见者,伍星联博士一人而已。"

伍连德(1879—1960)祖籍广东台山,出生于马来亚槟城一个普通的华人移民家庭。1896 年,成绩优异的他,顺利进入剑桥大学伊曼纽尔学院学习医学。1902 年,他先后到英国利物浦热带医学院、德国哈勒大学卫生学院和法国巴斯德研究所进修。1903 年学成归来回到槟城。

一个阴差阳错的机会,怀揣报国之心的伍连德于 1907 年回到故国,就任天津陆军军医学堂帮办,并运用其在西方的所学为中国培养医学人才。

1910 年,东北地区突然暴发大规模鼠疫,上万人死于疫情。更可怕的是,因为东三省是当时中国铁路网络最发达的地区,疫情沿交通线迅速扩散。不仅如此,东三省复杂险恶的政治局势令疫情控制困难重重,俄国和日本对该地区一直虎视眈眈,企图通过控制疫情治理话语权,插手东北地区的政治,战争可谓一触即发。一面是肆虐传播的疫情,一面是漠视疫情的民众和居心叵测的外敌,如果处理失妥,不但会导致疫情失控,甚至可能引起外交纠纷。

君子临危受命,伍连德勇敢地站了出来,在当时的情形下,他也是最合适的人选。他不仅具有流行病学、细菌学知识以及丰富的临床经验,更重要的是,他的身体里流淌着爱国热血,能承担为国分忧、为民解难的重任。在著名外交家施肇基的推荐下,伍连德被委任为瘟疫调查员,迅速前往哈尔滨调查疫情。受命于危难之际的伍连德,在来到哈尔滨后,就接连干了几件令国人震惊的大事。

一是解剖死尸。这是中国历史上第一次对人体进行解剖。背负着法律的严令禁止和舆论的巨大压力,伍连德通过对染病死者进行病理解剖,了解感染特征,结合疫情传播蔓延的方式和路线制订疫情控制方案。经过多方努力,说服当地政府和俄国方面负责人出动军队参加防疫,检查流动人群特别是加强铁路检查,对可疑病人采取严格的隔离措施。

二是设立检疫所。这是始创自中国的自主防疫机构,通过联络各海港同时实行检疫,与瘟疫分秒必争。

三是火化感染尸体。这在当时的中国,无疑是冒天下之大不韪。然而仅哈尔滨傅家甸坟场就露天停放了数千具尸体,这可能是最为危险的传染源。在地方士绅支持下,伍连德上奏朝廷,请求集体火化这些尸体,清政府表现出罕见的开明和高效,迅即照准。1911 年 1 月 30 日,伍连德指挥了中国历史上前所未有的大规模灭疫火化,整整焚尸三天。

经过数月奋战,伍连德和他的战友们终于使这场鼠疫在 4 月底得到全面控制。

同月,清政府在奉天(今沈阳)召开了万国鼠疫研究会,这也是自古以来首次在中国举办的大型国际学术会议。来自 12 个国家的代表参加了这次大会。伍连德力压鼠疫研究泰斗日本专家北里柴三郎,担任了本次大会的主席。本次会议对于提高中国公共卫生和预防医学事业在世界的地位具有重要意义。

伍连德先后共扑灭了 1919 年、1920 年、1926 年、1932 年在上海、东北等地暴发的多场鼠疫。他是一名"鼠疫斗士",是一名逆行者,更是亲人。

1937 年,饱经沧桑的伍连德举家离开上海,告别了自己为之服务 30 年的祖国,回到了南洋老家槟城。

数十年过去,2020 年新冠肺炎疫情再次肆虐全球,同样也不能阻隔中马的亲密联系。面对疫情挑战,中马双方从官方到民间,都互相支持、共克时艰,在疫情的不同阶段伸出援助之手,通过分享抗疫经验、支援防疫物资等,传递了双方患难与共的情谊,也传递了战胜疫情的信心和力量。

2020 年 1 月 31 日,马来西亚政府向武汉捐赠橡胶手套①

正是因为这份亲缘,国有敌则为之驱敌。

1939 年,中国全面抗战已有 2 年,沿海口岸相继沦陷,西北公路和滇越铁路也先后中断,几乎所有的国际通道都被日军封锁,只剩下一条被国际社会称为"中国抗战生命线"的滇(昆明)

———————————

① 2020 年 3 月 28 日,中国政府援助马来西亚抗疫物资交接仪式在马外交部举行。图片网址 http://my. chineseembassy. org/chn/zmgx/t1881299. htm。

缅(缅甸)公路。

当著名爱国侨领陈嘉庚先生得知国内急缺熟练司机和技工后,发布了南侨总会第六号通告,号召年轻司机和技工回国服务,共拯危亡。1939—1942 年,就在这条抗战生命线上,3192名华侨青年组成"南洋华侨机工回国服务团",分 9 批抵达云南昆明,承担起在滇缅公路运送国际援助抗战物资的重任,共同参加抗战。据统计,滇缅公路共抢运约 50 万吨军需物资,其中很大部分是由南侨机工运送的。

当时的滇缅公路,是抗战爆发后紧急抢修的简易公路,翻越高黎贡山等崇山峻岭,横穿怒江、澜沧江、漾濞江等急流险滩,道路极为险峻,而公路不少地段瘴气肆虐,加之日军飞机的狂轰滥炸,人们又称之为"死亡公路"。在这样险恶的条件下,南侨机工夜以继日,出生入死地运送抗战物资。留居云南的机工罗开瑚老人回忆起最危险的路段南天门时说:"又窄又陡,旁边就是悬崖,看不到底。车上必须带跳板,遇上窄路时随时铺设,让车轮凌空开过去。"此番画面想来都令人心惊肉跳。

6 年的时间里,1000 多名南侨机工因战火、车祸或是疾病等长眠于此。

1942 年 5 月,为阻止日军进攻,滇缅公路上的咽喉——惠通桥被炸毁,滇缅公路中断,南侨机工被迫解散,突然的失业使得南侨机工们顿感迷茫,而此时东南亚地区也基本被日军占领,归家无望,最终南侨机工们有约千人留在云南,战后才回到了马来西亚。

南侨机工的这一壮举,是近百年来南洋 800 万华侨在民族危亡的特定情势下的爱国行动,也是中国华侨史上一次最集中、最有组织、影响最为深远的爱国行动。1989 年,云南省政府在昆明西山为南侨机工们修建了一座"南洋华侨机工抗日纪念碑",以纪念他们的不灭功勋。

2014年8月15日,在抗日战争胜利69周年纪念日来临之际,中国驻马来西亚大使黄惠康专程从吉隆坡前往霹雳州怡保市看望97岁高龄的抗战老英雄——南洋华侨机工黄铁魂,他是当时马来西亚仍健在的4位南洋华侨机工之一。黄惠康大使赞赏老英雄在抗战最艰难的时刻,响应爱国侨领陈嘉庚先生的号召,参加"南洋华侨机工回国服务团",远赴中国抗战前线,冒着枪林弹雨为抗日将士运输军需物资,是滇缅公路上的"神行太保",为世界反法西斯战争和中华民族解放事业做出了重要贡献。

黄惠康大使看望南洋华侨机工黄铁魂

2015年,由中央电视台、昆明市委市政府联合摄制,央视纪录频道承制的6集高清纪录片《南侨机工》在国内正式开播,真实记录了3000多名爱国者经历的6年战争和4年漂泊生活。

2018年5月3日,海外最后一位南侨机工李亚留逝世,享年100岁。2020年10月29日,国内最后一位南侨机工张修隆在海南离世,享年102岁。南侨机工们相继离去,但这段历史我们将永远铭记。

中马友好源远流长,历久弥新,无论是战时还是和平年代。

近代以来,大批华人南下定居马来西亚,经世代交替,始终与当地人民和谐相处、共存共荣,华人文化传统已与马来西亚历史发展进程深深融合,甚至繁衍了中马血缘相通的峇峇娘惹独特族群。虽然峇峇娘惹的衣食习性已与当地其他华人有所不同,但他们依然保留了很多华人的传统风俗,并在传承与融合中成为南洋独有的文化奇观。

国之交在于民相亲,中马两国割不断的海上亲缘,沉淀为文明遗产,涌现出更多中华文化在海上丝绸之路沿线国家传播与交融的生动例证。伴随着人口迁徙、族群发展和海上贸易,民间海洋文化也逐步从我国闽南地区传播到东南亚地区,其中"送王船"作为第一个中国和"一带一路"沿线国家联合申遗成功的项目,意义深远。

"送王船"究竟是怎样的一个遗产活动?

"送王船"植根于福建地区崇祀"代天巡狩王爷"(简称"王爷")的民间信俗。"送王船"是沿海渔港、渔村古已有之的传统民俗,通过祭海神、悼海上罹难者的亡魂(尊称为"好兄弟")英灵,祈求海上靖安和渔发利市,是闽南百姓为表达对海洋的敬畏和感恩而举行的一种祭祀活动,已有 600 多年的历史。厦港渔家的"送王船"习俗,还糅合了"王爷(郑成功)精神"。据传此俗源于闽南地区,明末清初渔家为缅怀郑成功的丰功伟绩,以王爷作为代天巡狩的神而奉祀。这一民俗在"文革"期间曾中断。1995 年在去台厦门住民的倡议下重新恢复。"送王船"民俗自明清时期在我国闽南地区形成后,逐步传播到我国台湾地区以及东南亚等地区,故遗产项目主要分布于中国福建南部的厦门湾和泉州湾等沿海地区,以及马来西亚马六甲州的华人聚居区,相关活动也见于中国台湾南部的沿海社区。

"王船"或是用杉木制成,或是纸制,"王船"的尺寸、结构都近似真船,船桅、船帆样样不缺,融合了造船、建筑、民间彩绘等多项闽南传统技艺。"送王船"的时间一般通过掷筊①在固定的农历月份确定。仪式依序有"王船"的制造、出仓、祭奠、巡境、焚烧等。依照古礼,活动持续5天,其间还有斋醮、歌仔戏表演等民俗活动交叉进行,大鼓凉伞、舞龙等精彩节目也会陆续上演,把"王爷"请上"王船",用红袋子装好猪头、猪肚、鸡、鸭、鱼等五牲进行祭拜,载上柴、米、油、盐以及各项生活用品等实物,随后将这些祭品投入海中,以祭拜神仙和葬身大海的人们。点火仪式后,"王船"焚烧数小时后化为灰烬,仪式结束。

"送王船"是广泛流行于我国闽南地区和马来西亚马六甲等沿海地区禳灾祈安的民俗活动,既有共性,又有地方性。在闽南地区,大多每三或四年在秋季东北季风起时举行;在马六甲,则多在农历闰年于旱季择吉日举行。仪式活动历时数日,或长达数月。

2011年,"送王船"进入中国国家级非遗项目名录。2013年,"送王船"进入马来西亚国家级非遗项目名录,成为中马两国人民共同的文化遗产。2016年,中国厦门和马来西亚马六甲联合向联合国教科文组织申报人类非物质文化遗产代表作。历时4年,2020年12月17日,中国与马来西亚联合申报的"送王船——有关人与海洋可持续联系的仪式及相关实践"项目(属于社会实践、仪式和节庆活动类),经联合国教科文组织保护非物质文化遗产政府间委员会评审通过,被列入联合国教科文组织人类非物质文化遗产代表作名录。

---

①　掷筊是一种道教信仰问卜的仪式,普遍流行于华人社会。"筊"也称"杯",故闽南语"掷筊"又名"跋杯"。依据传统习俗,仪式内容是将两个约掌大的半月形、一面平坦、一面圆弧凸出之筊杯掷出,以探测神鬼之意。凸面为"阴",平面为"阳"。一般通过3次掷筊来确定后续活动是否会行事顺利。

与其他海洋活动相同的是,"送王船"传递着人们对先辈走向海洋的历史记忆,体现了人与自然和谐相处、尊重生命的理念,为推动包容性社会发展提供了丰富的文化对话资源;其承载的观测气象、潮汐、洋流、风候、牵星图等海洋知识和航海技术,是人们长期在海上进行捕捞、养殖和贸易等生产生活实践的智慧的结晶,融合体现了传统手工艺、表演艺术、口头传统等文化表现形式的当代传承,见证了文化多样性和人类创造力。

"送王船"的活动贯串着人们对生死问题的理解,而集体行动有助于减缓海难等突发事故给社区民众造成的心理震荡,具有重建社区联系和提供精神慰藉的作用。民众相信祭祀的诚意会得到上天的护佑,弘扬正气的价值取向客观上规范了社区成员的行为方式。相关社区民众通过特定文化空间中的集体仪式活动,促进了社区文化认同和社会和睦,集体共同消除灾难后的痛苦记忆。

"送王船"有其特定的自然和人文环境,其所承载的传统知识和民间智慧丰富了当前社区居民的精神文化生活,贯串着有关风险和灾难的持续性反思。在城市化和社会转型的进程中,该遗产项目具有增强人们风险防范意识和灾害管理的作用,同时有助于促进生态保护和环境的可持续发展。

与其他海洋活动不同的是,"送王船"还是中国同海外华人华侨开展民间文化交流的纽带。因人缘关系缔造了神缘关系,再由神缘关系密切人缘关系,对于"王爷"的崇拜成为海外华侨、华人共同的信仰,是海外华侨、华人回乡探亲、寻根问祖和进香朝拜的"根"之一。它发挥着联系海内外亲人情谊、增进共识、促进民间文化交流的社会功能。

"送王船"的跨国度传播和跨文化融合,在人口移徙和海上贸易的历史进程中成为密切人与人之间联系的情感纽带,促进了群体之间、社区之间、族群之间的长期互动与和平共处,增强了中马两国的相关社区、群体和个人的认同感和归属感。

中马两国联合申遗成功后,双方将成立"双边工作委员会",建立联合保护共同协作机制,支持中马"送王船"协同保护工作组实施《送王船联合保护行动计划(2021—2026年)》,共同履行进一步保护该遗产项目的承诺。中马两国也将以此为契机,推动《中马关于联合努力保护非物质文化遗产合作协议》签署,全方位开展国际间非遗领域的合作,让文化遗产成为实现人类持久和平的对话资源。

此次"送王船"联合申遗,是21世纪海上丝绸之路的支点城市厦门,与沿线重点城市马六甲文化间的对话,是"一带一路"民心相通的见证,是以非遗国际合作推动构建人类命运共同体的成功实践,并探索出跨国联合申遗的经典案例。

"送王船"被中马两国的相关社区视为共同遗产,是中华文化在海上丝绸之路沿线国家传播与交融的生动例证。

志合者,不以山海为远。俱往矣,无数前辈先贤及仁人志士乘风而来,踏浪而去,为中马两国海上结亲缘付出毕生心血,中马友好必将薪火相传,生生不息。中马两国隔海相望、唇齿相依,未来将在血缘、地缘、人缘、情缘、商缘的糅合中亲上加亲!

(本文部分内容引自李娜、黄惠康《海上结亲缘 历久更弥新——纪念义净法师下南洋1350周年》,星洲网,2021年12月23日,《人民日报》(海外版)2021年12月24日第7版;李娜、黄惠康《"鼠疫斗士"伍连德》,《羊城晚报》2021年12月26日A7版)

参考文献

中文文献

[1] 骆永昆,马燕冰,张学刚.马来西亚[M].2版.北京:社会科学文献出版社,2017.

[2] 马燕冰.列国志:马来西亚[M].北京:社会科学文献出版社,2011.

[3] 唐慧,龚晓辉.马来西亚文化概论[M].广州:世界图书出版广东有限公司,2015.

[4] 钟继军,唐元平.马来西亚经济社会地理[M].广州:世界图书出版广东有限公司,2014.

[5] 常永胜.马来西亚社会文化与投资环境[M].广州:世界图书出版广东有限公司,2014.

[6] 海蒂·穆纳.马来西亚[M].车宁薇,译.北京:旅游教育出版社,2008.

[7] 温斯泰德.马来亚史[M].姚梓良,译.北京:商务印书馆,1974.

[8] 赵伐.海峡"门臼"边的花园之国:新加坡[M].杭州:浙江工商大学出版社,2019.

[9] 李家禄,严琪玉.马来西亚[M].重庆:重庆出版社,2004.

[10] 陈晓律,等.马来西亚:多元文化中的民主与权威[M].成都:四川人民出版社,2000.

[11] 贺圣达.东南亚文化发展史[M].昆明:云南人民出版社,1996.

英文文献

[1] HUSSINMUTALIB. Islam and Ethnicity in Malay Politics [M]. Singapore: Oxford University Press, 1990.

[2] RODOLFO C. SEVERINO. Southeast Asia in search of an ASEAN Community [D]. Singapore: Institute of Southeast Asian Studies, 2006.

[3] R S MILNE, DIANEK, MAUZY. Malaysian Politics under Mahathir [M]. London and New York: Routledge, 1999.

[4] MEANS G P. A Moment of Anguish: Singapore in Malaysia and the Politics of Disengagement [J]. Pacific Affairs, 1999, 72(3):466.